浙江省创意农业工程中心系列丛书

中国创意农业"十型百技"

汤 勇 赖齐贤 主 编

胡 豹 副主编

中国农业出版社

北 京

图书在版编目（CIP）数据

中国创意农业"十型百技" / 汤勇，赖齐贤主编. --
北京：中国农业出版社，2024. 12. -- ISBN 978-7-109
-33114-3

Ⅰ. F323

中国国家版本馆CIP数据核字第2025FP6580号

中国农业出版社出版

地址：北京市朝阳区麦子店街18号楼

邮编：100125

责任编辑：赵　刚

责任设计：小荷博睿　　责任校对：吴丽婷

印刷：中农印务有限公司

版次：2024年12月第1版

印次：2024年12月北京第1次印刷

发行：新华书店北京发行所

开本：700mm×1000mm　1/16

印张：8.75

字数：140千字

定价：98.00元

前 言

FOREWORD

　　农业，作为国民经济的基础产业，正面临着转型升级和高质量发展的重大机遇和挑战。在浙江省这片充满生机活力的土地上，农业不仅是国民经济的牢固基石，更是创新发展的前沿阵地。2003年浙江省以非凡远见，开启了"千村示范、万村整治"的宏伟工程。这一"千万工程"犹如一颗种子，孕育并催生了创意农业，为浙江省现代农业的发展提供了有力的引领。在推进乡村全面振兴和中国式农业现代化的大背景下，发展创意农业是实现农业高质量发展和农业强国建设的重要途径，对打通美丽乡村、美丽经济、美好生活"三美"转化通道，因地制宜发展农业新质生产力具有重要价值。浙江省农业科学院正以"农业双强"为战略导向，积极探索创意农业的新蓝海新赛道，推动高效生态农业蓬勃发展，为浙江乃至全国的农业现代化进程注入了一种新质生产力。

　　创意农业是把"创意"作为独特要素赋能农业发展，通过理念创意、科技创新、产品创制、模式创优、文化创建，多维度拓展农业功能，多视角、多价值、多链条、多场景推动农业高质量发展的新型农业业态。2012年7月28日，时任浙江省领导的李强同志对浙江省农业科学院上报的《关于加快浙江创意农业发展的建议》给予了高瞻远瞩的批示。2016年中央1号文件更是明确提出大力发展创意农业等，使之成为繁荣农村、富裕农民的新型支柱产业。从2016年到2018年，创意农业连续三年被写入中央1号文件，将创意农业纳入乡村振兴战略的重要组成部分，并明确提出要加快发展创意农业、休闲农业、乡村旅游等新型业态，创意农业由此上升为国家战略。政府通过财政补贴、税收优惠、土地保障等多种方式，为创意农业的发展提供了强有力的政策保障和资金支持。

　　近年来，在政府的大力推动下，创意农业在全国各地迅速兴起，呈现出全面开花的态势，成为了农业增效、农民增收、农村增美的一个新亮点。作为创意农业发展研究的先行者，浙江省农业科学院于2012年、2013年、2016年相继成立了"现代农业创意技术浙江省工程研究中心""浙江省创意农业工程技术研究中心""农业农村部创意农业重点实验室"，在国内率先开展了创意农业研究和推广应用，推动了传统农业向现代农业的转变，为农业高质量发展注入了强大动能。

这些新质生产力，不仅提升了农业生产的效能与品质，更促进了农业与二三产业的深度融合，为构建现代农业产业、生产、经营体系提供了宝贵经验与示范样本。

这是一场对传统农业生产模式的颠覆性革命，更是对未来农业发展方向的深邃洞察，展现了浙江农业在新时代的勃勃生机与无限可能。这些新质生产力，不仅大幅提升了农业生产的效率与质量，更促进了农业与二三产业的深度融合，为构建现代农业产业体系、生产体系和经营体系提供了宝贵的经验与示范，正引领着浙江乃至全国农业向着更高质量、更有效率、更加可持续的方向发展。

创意农业发展具有鲜明的特点，并且形成了一些成功的模式。本书全面梳理十几年来创意农业的发展成果，并进行有效信息整合和提炼，在国内首次提出空间利用技术、生态循环技术、耕作创新技术、种质创新技术、乡愁食品技术、美丽田园技术、传统农耕技术、数字智慧技术、资源利用技术、设施装备技术等十大创意农业技术类型，并筛选出100个技术案例，为全国广大农民和基层农技人员推广应用创意农业提供参考。本书配有辅助性说明的大量图表，与正文并无直接关联性，故未编序号，特此说明。

展望未来，随着科技的日新月异和模式的持续创新，创意农业将继续为浙江乃至全国的农业现代化提供不竭新动能，为实现农业高质量发展、推动乡村全面振兴的伟大事业贡献更大的力量。

编　者

2024年12月

目 录
CONTENTS

第3章　耕作创新技术　/ 22

第4章　种质创新技术　/ 33

第8章　数字智慧技术　/ 86

第9章　资源利用技术　/ 102

第10章　设施装备技术　/ 113

第 1 章

空间利用技术

1. 杨梅、枇杷林下复合高效栽培技术

技术简介：针对杨梅、枇杷经济林园土地利用率低、水土流失现象严重、经济效益不高的问题，浙江省农科院创建经济林下套种菜头肾等中药材复合栽培技术模式，使单位面积的经济效益提高30%以上、土地利用率增加70%以上、水土流失现象得到有效遏制。该栽培技术已经在浙江台州和温州等山区进行试验示范，实现一亩^①山万元收益，为脱贫致富树立典型。该技术契合《全国林下经济发展指南（2021—2030年）》的要求。"杨梅（枇杷）—菜头肾—蔬菜"高效栽培技术实现亩产值3万元以上，亩均纯收入2.3万元以上，比传统种植杨梅、枇杷亩均效益提高1.5万元以上。台州市黄岩区3个乡镇的1 500名农民，可增加纯收入6 000万元。

示范应用：示范点为台州市黄岩区上郑乡、富山乡及相邻的永嘉县2个乡镇，应用面积4 500亩左右。该技术适宜台州、温州、宁波等海拔350～600米的山地。

---

① 亩为非法定计量单位，1亩≈667平方米，下同。

2. 林药复合生态高效栽培生产技术

技术简介：发展好林下经济是生态县经济发展转型升级的重要途径，林药复合产业模式是提高林地利用率、增加林农收益的较好方式。选择耐逆性强的铁皮石斛品系附生栽培于树上，树下空地栽种抗性好的多花黄精，空地袋栽三叶青，实现多品种复合高效栽培。该模式契合《浙江省人民政府关于推进乡村产业高质量发展的若干意见》和《全省"千村万元"林下经济增收帮扶工程》实施方案。"铁皮石斛—多花黄精—三叶青"复合栽培模式年产值每亩18 000元，比传统单一药材种植亩增收益10 000元。示范基地经济效益、生态效益显著。

示范应用：示范点位于浙江省泰顺县司前镇，应用面积500亩，全县辐射推广3 000亩。该模式可在山区县适宜林区推广。

3. 金线莲林下仿野生栽培技术

技术简介：利用浙南地区特有的亚热带气候和郁闭度较高的林地资源为条件，充分发展林下经济新体系。选择高产金线莲红霞、圆叶和尖叶等品种在竹林下大面积栽培。采用仿野生、无农残的新型栽培模式，在确保金线莲产量的基础上，提高了有效成分，使得栽培金线莲的药用成分含量接近野生金线莲。该模式既符合"两山理念"，也符合浙江省健康产业发展"十四五"规划精神。金线莲林下仿野生栽培模式每亩林地实现年产值

1万元以上。

示范应用：示范点位于浙江省平阳县怀溪乡，栽培面积超过100亩，辐射推广面积500亩。该模式可以在浙南林区推广。

4. 降香黄檀生态高效林药复合经营技术

技术简介：降香黄檀（海南黄花梨）作为温州引种成功45年的珍贵红木树种，在温州部分地区有很好的种植前景。以降香黄檀高效培育大径材为目标，通过干形培育、综合施肥和防台御寒等管护措施，促进造林初期生长；充分利用嫩叶和花期资源，开发嫩叶红茶和降香蜂蜜等林副产品；充分利用林下土地资源，种植百合、温郁金、多花黄精等中药材，综合示范"以短养长、以短促长"的林药复合经营，扩展林菜、林药、林虫等"一亩山万元钱"富民生产经营模式，对浙江省乡村振兴、共同富裕和藏富于民、藏富于未来等都具有重要的意义。"降香黄檀培育—开发嫩叶红

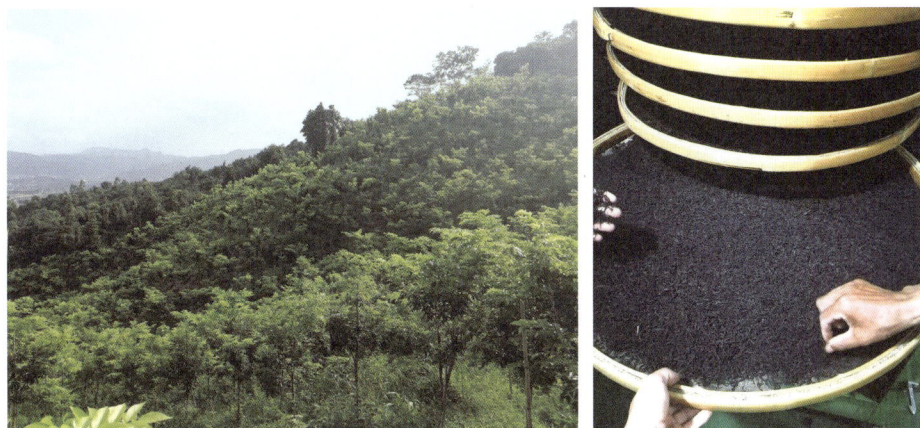

茶—林下种植"复合经营模式年产值20 000元/亩，比传统降香黄檀培育亩增收10 000元，示范基地经济效益、生态效益显著。

示范应用：示范点为浙江省平阳县万全镇、苍南县沿浦镇，应用面积50亩，全市辐射推广面积100亩。该模式可在浙南低山向阳山地适宜区及平原四旁推广。

5. 阿克苏干旱地区林果园套种黑木耳技术

技术简介：在东西部协作中，针对新疆阿克苏地区的资源情况，开发出干旱地区林果园套种黑木耳技术。据当地林业部门测算，核桃、红枣、香梨和苹果等林果栽培面积达400余万亩，全区每年修剪下来的枝条有80余万吨。由于缺乏经济有效的利用途径，大部分枝条堆放于地头村尾，甚至就地烧毁，不仅浪费资源，而且造成环境污染，阻碍美丽乡村建设步伐。为了充分利用阿克苏丰富的林果枝条资源、良好的生态和水资源条件，在对阿克苏气候、林果枝条营养成分和劳动力等生产要素进行综合分析，以及适宜的黑木耳品种筛选和林果园套种试验的基础上，决定采用核桃、香梨、红枣、苹果和杨树等林果枝条粉碎成的木屑做成黑木耳菌包（多种林果枝条混合利用有利于提高产量），在林果园中利用这种黑木耳菌包进行黑木耳套种。阿克苏地区的防护林、种植8年内的核桃和苹果园、行距大于4米的红枣与梨园，以及清洁宽敞的家庭庭院都是适宜的栽培场所。其主要技术要点为：秋栽黑木耳菌棒在日最高气温降至30℃左右时进行，春栽黑木耳菌棒在日均气温回升到10℃以上时排场出耳；催芽期除增加光照和昼夜温差外，需采取喷雾化水、覆盖遮阳网等措施提高和保持小环境空气湿度，促进耳芽形成与发育；育耳期根据气温变化和耳片生长情况，按照"干干湿湿"的原则进行喷水管理。

示范应用：在新疆阿克苏地区已有规模化应用。

6. 城市楼宇农业建造技术

技术简介：城市楼宇农业是指利用城市建筑空间，结合现代生物、材料、光学、信息等技术发展农业生产，保障城市农产品供给的新型农业生产方式，不仅可以为城市提供新鲜、安全的农产品，而且还能显著地改善建筑物及周边生态环境，美化城市。选用覆土栽培、轻基质栽培、雾培（水培）、种植箱栽培和大棚设施栽培等种植方式，常规农作物中绝大部分的粮油、蔬菜、花卉及部分果树等均可在现代城市楼宇开展种植示范。城市楼宇农业可以让繁忙的都市人离自然更近，人们工作累了可以到就近的屋顶菜园和室内垂直农场进行休憩放松。中老年人可以在小区的屋顶种植园中锻炼和交流。儿童不用到郊区，可以直接在城市室内垂直农场中进行植物认知和劳作体验。设计布局合理的城市室内垂直农场能够起到有益市民身心健康、完成科普教育和农耕文化传承等社会功能。

示范应用：在浙江各地均有示范，可推广至全国。

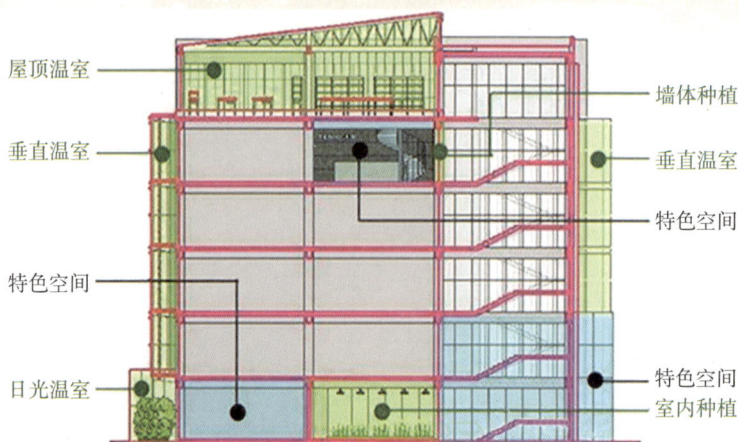

屋顶温室
墙体种植
垂直温室
垂直温室
特色空间
特色空间
日光温室
特色空间
室内种植

7. 油橄榄立体种养增效技术

技术简介：针对浙江省气候多雨高湿和山区红黄壤肥力差、酸性强和质地黏等障碍因素，选用"ZAAS05""ZAAS31""ZAAS33"等优良适用油橄榄品种，采用"排水、控酸、培土"的综合栽培技术体系。实行幼龄油橄榄园套种大豆、油菜的立体种植和林下适度养殖家禽的种养结合模式，提高单位面积的生产效益。据测算，油橄榄套种大豆、油菜亩产值可达1.15万元，

林下散养土鸡亩产值可达2.8万元。同时通过秸秆、粪便还田，实现土壤培肥和化肥减施的目的。

示范应用：浙江三门县油橄榄生态产业园区。截至2024年6月，油橄榄生态产业园区累计提供就业岗位2 000余个，农户户均年收入增加1万元以上，已累计盘活闲置山地2 000亩，各村集体持股比例达48%，村均年集体经营性收入增加15万元以上。

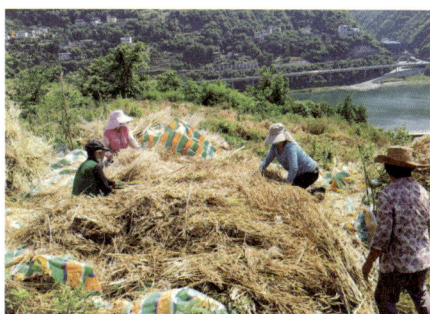

8. 大棚茭白套种瓜类蔬菜技术

技术简介：利用浙江地区5—8月大棚茭白的空闲期或定植初期套种苦瓜、丝瓜等瓜类蔬菜，对茭白定植初期起到遮光作用，提高了大棚茭白定植的成活率，套种苦瓜、丝瓜每亩可增收3 000～4 000元。选择"浙茭3号""浙茭2号""龙茭2号""浙茭6号"等双季茭白品种，在3月底前，分苗寄植，7月中旬定植，亩栽1 100～1 300株，相邻两个大棚之间留1.2米的空间种植丝瓜。秋茭采收后，及时割去地上部分残株，12月底完成搭棚并盖膜。3月中旬前以盖膜保温为主。4月初，当叶片长到触及大棚肩部棚膜时全揭膜。大棚茭白于7月中下旬定植，10月下旬至11月下旬采收秋茭；12月中下旬覆盖大棚膜保温，翌年4月上旬至5月中旬采收夏茭。苦瓜于4月上旬播种育苗，4月下旬至5月上旬定植，6月下旬至8月中下旬采收。每亩夏茭产量2 250千克，均价5.4元/千克，产值12 150元；秋茭产量1 600千克，均价3.0元/千克，产值4 800元；苦瓜产量2 000千克，均价2.5元/千克，产值5 000元。每亩全年合计产值21 950元。

示范应用：该模式是在大棚茭白种植的基础上创新形成的一种新的立

体种植模式。设施茭白—丝瓜套种模式，一般于5月下旬大棚茭白（夏茭）采收后，大棚边套种丝瓜，引蔓上棚，无须另外搭架；7月下旬利用丝瓜蔓遮阴可提高秋季茭白的移栽成活率。这一种植模式节省了丝瓜的搭架成本，提高了土地利用率和产出率，增加了农民的收入。缙云等地自2014年摸索成功后，目前已在浙江省各地推广应用。

9. 葡萄园立体种植模式及配套技术

技术简介：该技术构建了葡萄（猕猴桃）—草莓（铁皮石斛）—资源性生物组分等6种生态高值型立体种植模式，针对设施生态系统生物多样性低的问题，进行设施生物多样性培育及利用，引进有益资源性生物组分，并筛选出具有生防功能的植物、天敌、天敌中间寄主、有益土壤微生物；根据各作物生长特性，集成立体栽培作物群落的季相调控、绿色防控病虫害及水肥一体化节本增效等综合管理技术，形成规范、可操作的生态高值型立体种植标准化管理模式，产业化前景广阔。

示范应用：葡萄园立体复合种养模式能够很好地协调发展与环境、资源利用与保护之间的矛盾，形成生态与经济的良性循环，也能够降低农田化肥使用量和生产成本，同时提高农产品品质，实现经济、生态、社会三大效益的统一。近年来香菇—葡萄立体栽培模式在江苏句容、浙江金华、湖北等地均有示范应用。

10. 屋顶教学实践农场构建技术

技术简介：杭州濮家小学用于教学实践农场构建的屋顶面积约为 1 300 平方米，结合学生的农业实践需要，设计了灵动小池（水上作物区、水产养殖区）、缤纷果园（水果培育区）、妙趣农庄（农作物种植区）、向阳花圃（校花向日葵环形区）、生态牧场（猪圈顶上种甘蔗、中间养小猪、下面是沼气池）、瓜果长廊（种植瓜果）等六个功能区。在屋顶的水沟和管道上铺设多功能走道板模拟自然农田的田埂，设计了专门的班级标识牌和蔬菜标识牌。教学农场以物质循环的理念，将校园生活与农业生产相联

系，建立了一个以学校为载体的微型可持续生态循环系统。通过用学校食堂产生的厨余物喂养生猪，将生猪产生的粪便、可分解的生活垃圾、校园内园林植物修剪的枝叶和农场的农业废弃物通过沼气发酵池产生沼气，提供食堂烧水使用，沼液、雨水、消毒后的生活废水收集用作农场的灌溉用水，增加农场土壤肥力，节约了城市自来水资源，促进水资源的循环利用。农场通过生产蔬菜和水果为周边居民提供果蔬供应，学生通过参与农场管理了解农业知识，提升课外实践能力，利用农场的经济收益成立了专门的基金，在维持农场运营的基础上帮助有需要的学生。该农场通过建立城市生态微循环系统，实现区域资源的最大化利用以及生物质垃圾与污水的减量化甚至零排放，成为学生劳动、探究、公益活动的新载体。

示范应用：浙江省杭州市濮家小学屋顶农场作为浙江省农科院与濮家小学教育集团精心打造的一个屋顶农业案例，体现了现代城市规划、建设者对都市农业发展模式和建造技术的创新实践，在2015年农场建成后即

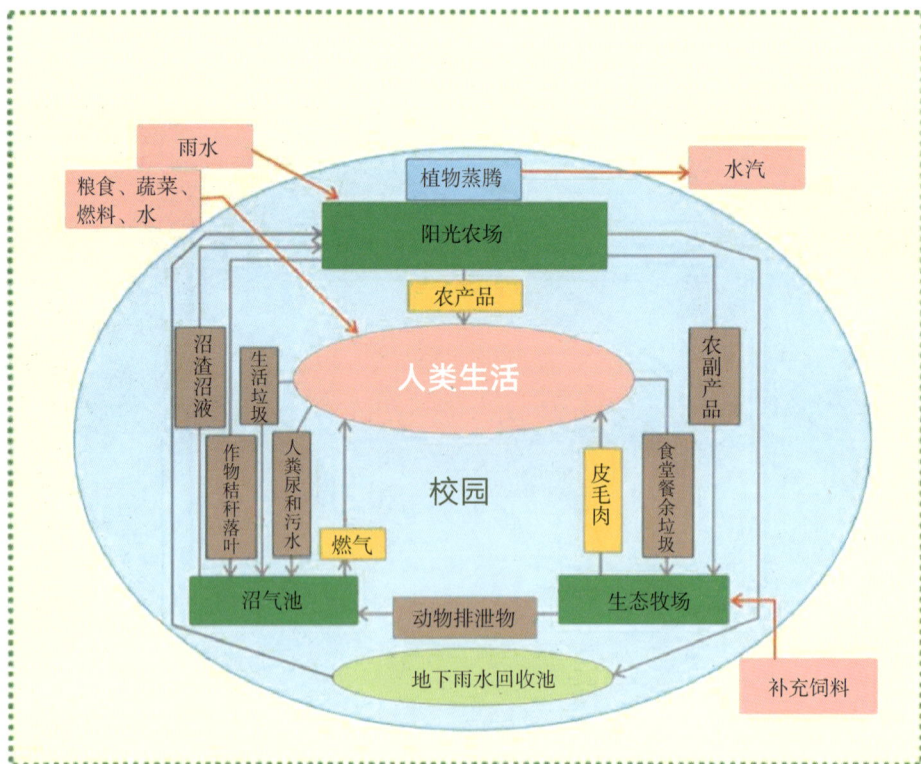

挂牌浙江省农科院屋顶农业示范基地、濮家小学教育集团德育基地。2016年成为了江干区青少年第二课堂基地。2017年，成为欧盟城市农业合作研究理事单位，被评为中国屋顶绿化与节能优秀项目，全国20多家主流媒体均作了报道，得到社会各界一致好评，为屋顶农业的发展和推广提供了借鉴。

第 2 章

生态循环技术

1. 低碳生态高效稻渔综合种养技术

技术简介：围绕稳粮增效、联农共富的目标，充分发挥水田温光气候条件，提高土地利用率，浙江省农科院创新了综合种养模式。根据浙江省各地自然条件、消费特色及养殖习俗，筛选高产、抗逆、优质稻鱼品种，与典型稻渔复合种养模式进行融合，构建"稻渔""稻鸭""莲渔"等种养结合模式。应用生态系统理论，以生态控制技术、生物防治技术控制病虫草害，以农业废弃物（菌渣、秸秆等）养殖昆虫（蛴螬、黑水虻等）作为稻鱼的主要蛋白饵料，以虫粪有机肥还田减少化肥使用量，实现稻鱼低碳

绿色高效生产，经济、生态和社会效益显著，符合国家产业高效发展的目标，满足了浙江绿色可持续发展的技术需求。综合种养模式实现年亩产值7 000～20 000元，比传统水稻单种模式亩增加收入4 000～12 000元。

示范应用： 在杭州市萧山区河上镇、湖州市安吉县天子湖镇、湖州市德清县新安镇、台州市椒江区下陈街道、衢州市衢江区杜泽镇、金华市武义县柳城畲族镇等地分别建立了"稻鳖""稻鸭""稻虾""莲鳖"示范点，应用面积达2 000亩，年增收入2 000万元。该模式可在全省推广。

2. 茭鳖、茭鳅生态种养技术

技术简介： 在浙江，茭白田生态种养就是利用茭白宽行种植的优势，在茭白田空间和水面养殖经济动物，达到互利和增收的目的，减少化肥农药的使用量，经济、社会和生态效益显著。主要技术包括：茭白田块改造，防逃、防天敌设施、茭白田消毒等放养前准备工作，鳖（泥鳅）放养时间、放养密度、放养时消毒处理，套养茭白田肥水管理、鳖（泥鳅）病害防治和茭白病虫害防控，茭白采收、鳖（泥鳅）捕捞技术。

示范应用： 近年来，在浙江省余姚、嵊州、德清、桐庐等茭白主产区较大面积示范茭白田套养甲鱼(中华鳖)高效模式，经济、社会效益明显，应用范围不断扩大。茭白—甲鱼(中华鳖)共生模式既保证了茭白的安全，有效控制了福寿螺危害，减少了农药使用量，又能提高茭白和中华鳖的品质，实现高产出；既保证了水产的发展，解决了种植、养殖争地矛盾，还从源头上提高了农产品的产品质量。茭白田养殖的中华鳖营养价值和商品价值高，获得消费者的青睐和市场的认可。更为重要的是，茭鳖共生模

式对防止甲鱼高密度饲养带来的水质污染效果明显，对于贯彻中共浙江省委、省人民政府"五水共治"的重大决策部署，以治水促转型，着力打造"生态甲鱼、品质茭白"，具有十分重要的意义。

3. "大球盖菇—水稻"轮作技术

技术简介：利用冬闲地引种"大球盖D1号""球盖菇18号"等大球盖菇良种和水稻"中浙优8号"进行轮作，应用大球盖菇大田轻简化高效栽培技术、菌渣育秧、菌渣就地还田、优质水稻全程生态栽培、合理接茬等生产技术，形成稻菌闭环轮作模式，有效促进稻秆等农业废弃物循环利用和水稻优质高效生态生产，提高土地利用率和亩均收益。该技术对遏制非粮化，落实减肥减药政策，促进粮食稳产提质增效，推动农业高质量发展，聚焦聚力"两个先行"的奋进目标具有重要作用。该技术可实现年亩产值15 000元，年亩均收益6 000元，比传统单季稻种植模式亩均增收5 200元，水稻总施肥量减少20%以上。

示范应用：浙江省文成县百丈漈镇和二源镇，应用面积达50亩，向全县及周边县市辐射推广应用50亩。该技术可在浙西南山区及浙江平原适宜区推广。

4. 健康稻田优质绿色种植技术

技术简介： 利用分子数字设计育种，将具有自主知识产权的重要抗病虫基因转入高产水稻品种，培育优质、高产、高抗数字化水稻新品种；创新并集成了一套适合浙江省的水稻病虫害绿色防控技术体系，包括数字化精准示警、天敌和噬菌体利用等生物措施、氮肥减施和肥水精准施用等种植措施等；结合数字化新品种和绿色防控体系，融合创新了健康稻田优质绿色种植生产模式，打造健康稻田，优化稻米健康产业链，支撑优质订单种植，进行大范围示范和推广。健康稻田优质绿色种植生产模式可实现年亩产值3 600元，亩挽回损失约80千克，每亩节支增收约230元。

示范应用： 在浙江龙游、普陀等地应用示范面积共5 600亩，辐射推广面积60 000亩。该技术适合在浙江全省各稻区尤其是病虫害常发重发区推广。

5. "豆—油"全产业链生态循环技术

技术简介：浙江省松阳县晓英家庭农场抓住当地退茶还田的机遇，以"崧杨味稻、水墨石仓""李晓英"等品牌为龙头，主动引进浙江省农业科学院"浙秋5号""浙油51"等大豆、油菜新品种，与农户结成利益共享、风险共担的紧密型利益共同体，建立豆油两季轮种，大豆加工豆腐，菜籽榨油，大豆秸秆还田种油菜，菜籽饼还田种豆的生产循环经济模式。在示范点进行大豆和油菜轮作种植200多亩，年产值50多万元，带动农户辐射种植7 000多亩，经济效益达1 750万元，农民增收350万元。

示范应用：松阳县晓英家庭农场及其周边地区。

6. "莲—鳖—观光农业"生态高效生产技术

技术简介：围绕万企兴万村、联农共富的目标，充分优化农业生态系统内部结构及产业结构，提高资源利用率，创新"莲—鳖—观光农业"生态高效生产技术。选择口感佳、收获期长的优质鲜食果莲新品系"西湖果莲"与肉质鲜美、营养价值高的"清溪花鳖"共养。应用精准施肥、病虫害绿色防控、清溪花鳖精准定位数字化养殖，莲子采后分选、包装、保鲜等高效自动化生产技术，在保障生态循环前提下，提升亩均效益。"莲—鳖—观光农业"模式实现年亩产值28 000元，实现年亩均收益12 000元，比传统莲子生产模式亩增加收入2 000元。

示范应用：示范点位于杭州市临平区运河街道，应用面积达1 000亩，全市辐射推广应用2 000亩以上；示范点武义柳城、西联、大源、泽村等乡镇面积达6 000多亩，实现产值2 800万元，增效1 500万元。该技术可在全省推广应用。

7. 南方红壤区酸化稻田治理与综合培肥技术

技术简介：浙江省红壤面积大，水、热、光资源丰富，但由于稻田复种指数高、不合理施肥和缺乏有机物料投入，以及红壤自身淋溶作用强烈，红壤酸化成为该区域水稻生产的重要限制因子，导致该区中低产稻田比例高。根据土壤酸化特征和肥力状况，通过投入自主研发的土壤调理剂和科学水肥管理，可调节土壤pH和土壤肥力，提高肥料利用率，促进作物增产稳产。该技术契合"加快推动藏粮于地、藏粮于技战略落实落地"的要求。通过自主研发的含腐殖酸土壤改良剂施用，合理控制化肥投入，达到了调酸与培肥同步进行，治理区稻田土壤pH得到有效调控，水稻单产增加。

示范应用：该技术自2018年开始，在浙江省杭州市临安区和富阳区、长兴县、浦江县和龙游县等地的酸化耕地开展推广应用，可使土壤pH提高

0.5，土壤有机质平均增加 2 克/千克，减施化肥 10% 以上，水稻产量增加 10% 以上。本技术 4 年间累计应用达 50 余万亩。该技术可在浙江省乃至我国南部红黄壤地区推广应用。

8. 稻茬麦肥药减施增效提质技术

技术简介：围绕浙江省春粮增收提质，助力共富的目标，通过耕作环境治理、养分定额管理、安全健康生产、抗性丰产低积累小麦品种筛选、高效药剂替代，增加小麦出苗，提高养分和药剂利用率，减少重金属积累，形成了浙江省水网平原和丘陵河谷稻麦区的稻茬麦肥药减施增效提质技术模式。选择镇麦 12、农麦 88、苏麦 188 等中抗丰产性好且镉积累度低的小麦品种，应用水稻秸秆促腐或秸秆炭化还田技术、目标产量匹配的化肥定额施用技术、病虫害绿色防控技术、全程机械化生产技术和污染麦田安全利用技术，保障了浙江省稻茬麦增收和品质安全，同时降低了耕地和农业水环境污染风险。稻茬麦肥药减施增效提质技术模式在浙江嘉兴和桐庐开展示范，千亩连片示范区实现小麦亩产平均增加 45.2 千克，增产 18%，小麦赤霉病发病率降低 12 个百分点，镉含量降幅达 85% 左右，化肥和化学农药施用量分别减少 18.2%～20.5% 和 28.5%～32%，助力农户节本增收 204～253 元/亩，核心示范点（嘉兴、桐庐）自 2019 年以来累计增收 1 500 万元。

示范应用：分别在嘉兴市和桐庐县开展示范，核心示范区 3 年累计达 3.6 万亩，示范推广 30 余万亩，辐射推广 70 余万亩。

9. 柑橘化肥农药减施增效技术

技术简介： 围绕化肥农药减量增效推动农业绿色发展的目标，浙江省农科院优化集成了以"果园生草+专用肥（有机肥）+矿物油"为特点的柑橘化肥农药减量增效技术。构建以矿物油为基础药剂的新型绿色防控技术体系，同时实施测土配方施肥、增施有机肥及生草栽培等。在减少化肥农药使用量和提高利用率的同时，提高柑橘产量和品质。该技术在浙江省柑橘主产区推广应用，化肥使用量减少25%，农药减量35%以上，亩增产3%以上。其中核心示范区化学农药减少52.22%，化学肥料减少28.55%，较对照增产18.19%，品质得到显著提升。

示范应用： 2018—2020年，该技术在浙江省台州、衢州、丽水、宁波、温州、杭州等各柑橘主产区推广应用，示范应用面积达20.9万亩，辐射推广累计达41.8万亩，产生了良好的经济、社会和生态效益。该技术适宜在浙江各柑橘产区及福建、江西等柑橘产区推广应用。

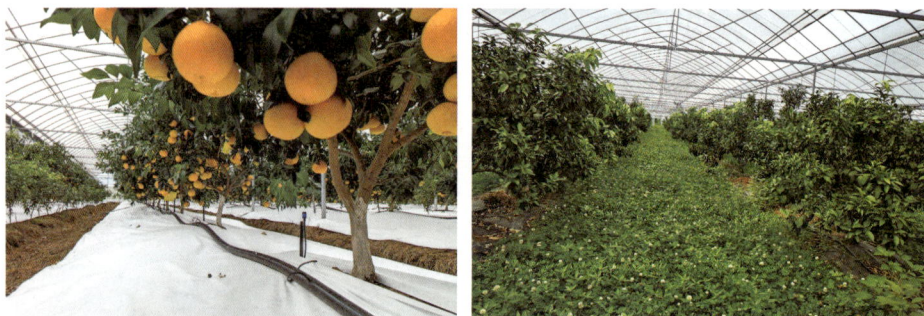

10. "秸秆—湖羊—有机肥"高效生态循环技术

技术简介： 围绕稳粮增效、联农共富的目标，基于丽水山区丰富的农业副产物资源，以湖羊养殖为切入点，创新了"秸秆（副产物）—湖羊—有机肥"的农业循环生产模式。该模式优化并应用秸秆等农业副产物饲料化处理技术和湖羊精准饲养技术，提高农业副产物饲用价值和湖羊养殖效益。通过示范应用，农业副产物资源通过"过腹还田"，既破解了农业副产物污染难题，又达到肥田的效果，降低了养殖成本，实现了农牧业增产增收，符合生态循环农业的发展要求。通过示范显示，半年中通过实施"秸秆（副产物）—湖羊—有机肥"模式，共利用农业副产物饲料3 650吨，出栏商品羊2 750头，生产羊粪有机肥857.5吨，产值414.1万元，经济效益达188.8万元。通过技术培训和推广，辐射养殖户15户，利用农业副产物饲料1.235万吨，出栏商品羊11 330头，羊粪有机肥5 500吨，产值1 804.6万元，经济效益达741.6万元。

示范应用：通过项目实施，培育了肉羊生态养殖循环农业示范企业2家，分别位于缙云县前路乡前路村和莲都区李佳源村，示范应用湖羊存栏数达5 000头。通过技术培训，辐射养殖户15户，湖羊存栏数达20 600头。

第 ③ 章

耕作创新技术

1."稻—豆—油"生态高效周年生产技术

技术简介： 围绕稳粮增效、联农共富的目标，充分发挥温光气候条件，提高土地利用率，创新了"稻—豆—油"周年三熟高效生产模式。选择早熟高产早稻"浙1831"、优质鲜食秋大豆"浙鲜86"、特早熟油菜"迎春一号"接茬轮作，应用配方施肥和病虫草害绿色防控、全程轻简化机械化生产、大豆产后保鲜等生态高效生产技术，在保障粮食生产前提下，提升亩均效益。水旱轮作有利于改良土壤，减轻作物病虫草害，减少农药用量，提高作物产量和品质。鲜食大豆的固氮作用，为后茬作物积累土壤肥力，减少化肥用量，实现了绿色生态、稳粮增效。该技术契合2022年中央1号文件提出的"稳定粮食生产、提升大豆和油料产能"要求。"稻—豆—油"模式实现年亩产值5 800元，实现年亩均纯收益2 000元，比传统双季稻模式亩增加收入1 300元。

示范应用： 示范点位于浙江省龙游县塔石镇，应用面积达 6 000 亩，全县辐射推广 20 000 亩，实现产值 1.2 亿元，增效 4 000 万元。该技术可在浙西南适宜生态区推广。

2. "稻—菌（耳）" 高效绿色轮作技术

技术简介： 针对种粮效益偏低，经济作物、水产发展与粮食争地，夏季抛荒等问题，选育了食味品质优异、生育期超短的籼稻品系 "浙香银针"，生育期 115 天，5 月中旬播种，9 月 15 日前收获，食用菌（木耳）一般在 9 月中旬开始整地播种，次年 4 月底收获结束，土地空闲期 4 个月左右。稻—菌轮作成功解决茬口问题。稻草秸秆发酵后种植食用菌能减少病虫害发生，菌棒菌渣还田，省肥节药，改良土壤结构，减少污染，节本增效。该技术能有效提高复种指数，减少夏闲田，在一定程度上可以缓解良田非粮化问题。水稻全生育期可有效避开稻瘟病、稻曲病、稻飞虱等病虫害发生的关键时期，减轻食用菌连作导致的土壤黏菌、菌螨、鼻涕虫等病虫害发生。出菇时间提前 10 天左右，产量增加 10% 以上，实现食用菌和稻米品质双提升。每年实现亩产值 4 万元以上，实现亩净利润 1.5 万元以上。

示范应用： 连续 2 年在武义俞源乡和大溪口乡实施该技术应用，累计示范面积 130 余亩，该技术适宜在浙江省内推广应用。

3. "鲜食玉米—晚稻"水旱轮作栽培技术

技术简介:围绕产业提升、改善土质和共同富裕的目标,利用优质早熟高品质鲜食玉米品种和水稻轮作的形式进行周年生产,配合鲜食玉米穴盘育苗、乳苗移栽、地膜覆盖、大棚促早栽培等先进栽培技术,使鲜食玉米最早于5月初上市,获得较高的市场价值,实现农民增收。玉米收获后秸秆全量还田,在进行水稻种植时可大量减少肥料施用,且大幅改善土质,避免连作障碍。"鲜食玉米—晚稻"水旱轮作栽培技术实现年亩产值超万元,年亩均纯收益6 000元以上,比传统双季稻模式亩增加收入超5 000元。

示范应用:在浙江省嵊州市甘霖镇、三界镇,建德市寿昌镇、航头镇

等示范应用，示范应用面积达 8 000 亩，每年实现产值 8 000 万元，效益 4 800 万元，辐射推广应用 20 000 亩。该技术可在浙江省适宜生态区推广。

4. "亚麻—水稻"轮作技术

技术简介： 随着非粮化的整治和推进，浙江省水稻种植面积越来越大，但与水稻轮作的冬季作物种类较少，主要就是油菜、大麦和小麦，种植效益不高，农民种植积极性不大，造成大面积的冬闲田。如何提高冬闲田的利用率，增加农田效益，成为摆在各级政府和广大农户面前的一大难题。亚麻是我国重要油料作物，在浙江省可作为冬季作物种植，生育期为11月—翌年5月，不影响单季稻播种，可形成"水稻—亚麻"的粮油轮作模式。因此，推广种植亚麻可以有效利用冬闲田，提高农田的利用率和经济效益。浙江省农科院开展油用兼观赏用的亚麻品种引选及水稻—亚麻轮作的轻简化栽培技术研究与示范，为全省大面积推广种植亚麻提供技术支撑。"水稻—亚麻"模式实现年亩产值 4 500 元，年亩均纯收益 1 500 元，比传统双季稻模式亩增加收入 500 元。

示范应用： 在杭州市萧山区义桥镇示范应用，面积达 200 亩，全县辐射推广应用 1 000 亩。该技术可在浙江省适宜生态区推广。

5. "小蚕工厂"人工饲料蚕种繁育技术

技术简介： 为推动蚕桑产业"共赢""互利"的可持续发展，浙江省集成创新了"小蚕工厂"人工饲料蚕种繁育模式，企业在养蚕车间内用人工饲料集中饲养1～3龄原蚕，原蚕区农户专业从事4～5龄种茧养育，缩短农户养蚕周期，促进养蚕制种批次循环。在整治"非农化""非粮化"背景下，拓展了蚕种繁育生产能力，提高了原蚕区农民的收入，同时，也保障了企业工厂化养蚕的蚕种供应。同等饲养量条件下，采用"小蚕工厂"模式饲养原蚕，农户收益较传统全龄桑叶饲养杂交种的收入增加80%以上。并且，养蚕批次可由原来的2期/年，增加至5～6期/年，进一步提高经济效益。

示范应用：在杭州市淳安县枫树岭镇下姜村、临安区於潜镇南山村示范应用，2022年春蚕期已饲养原蚕300克蚁量，繁育出一代杂交种6 000盒以上，辐射至全年可繁育蚕种20 000盒以上。该技术可在浙江省内适宜原蚕区推广。

6. "桃+油菜套种"赏食兼用技术

技术简介：浙江省长兴县和平镇的城山村种桃历史悠久。近年来，当地的桃产业从传统农业转型，在采摘桃子的基础上增加赏花用途，走出了一条农旅融合之路。城山沟景区在千亩桃林下种植花期长达三个月的"迎春一号"油菜花，搭配萝卜花开展农田造景，十里桃花、油菜花、萝卜花组成的震撼"3D"立体花海，丰富了花的层次，形成了"桃+油菜套种"赏食兼用创意农业新模式。在保护山村风貌的基础上，城山沟的一些文旅体验项目也建设起来，让市民和游客更愿意亲近乡村，当地桃农种桃之余也实现了增收致富，现在的城山村已经成为浙江北部休闲农业与乡村旅游的示范景区。城山沟从一个劳动力输出乡村，摇身一变成为劳动力输入乡村。每年的采茶、采桃期间，城山沟吸纳了和平镇等周边乡镇9 000余人次劳动力，当地农民每年靠旅游服务、农产品销售，年收入可达到3万～10万元。

　　示范应用：浙江省长兴县城山沟景区。

7. 香菇工厂化高效生产技术

技术简介：浙江省农业科学院与武义县农业部门创建的武义创新食用菌有限公司食用菌产业区域创新服务中心打造了"科技引领、基地示范、全程服务"的新型服务平台，统一规划设计建设香菇工厂化菇棚及配套设施，引进菇农建立统一菌棒供应、生产标准、技术指导、产品品牌的生产基地。由企业负责投入大的设施设备以及技术要求高的菌棒生产环节，由生产主体负责用工量大、需精细操作的日常管理工作，企业与农户分工合作、互利共赢，共同探索具有武义特色的食用菌产业共富模式。利用该技术可实现年亩产香菇鲜菇100吨，产值100万元，带动农户增收15万元的目标。该技术解决香菇产业传统生产用工多、效率低、隐患大等问题，技术惠及武义县90%以上的菇农。

示范应用：武义创新食用菌有限公司。该技术可推广至全国使用。

8. "高粱—油菜"可持续高效栽培技术

技术简介：围绕浙江省开化县大溪边乡"粱花组合"产业发展，以开化县红高粱共富联盟为平台，发挥科技主体的作用，践行科技强农、机械强农"双强行动"，建立红高粱科技示范基地，开展高粱、油菜新品种比较试验，推广高粱机械化播种，克服连作障碍，注重地力提升，主动谋划产业规划，制定高粱种植与酿酒工艺地方标准，推动产业可持续发展。以大溪边乡为典型示范的油菜与高粱轮作高产高效栽培技术被列为2022年浙江省主推技术。杂交油菜新品种"浙油杂59"亩增产4%，出油率达45%；高粱新品种、新技术亩增产超10%；机械化播种效率可提高4倍。通过"粱花组合"产业发展，帮助上安村200位留守村民实现人均增收1万余元，村集体年经营性收入首次突破50万元，并带动全乡3 000余户增收。

示范应用：在开化县大溪边乡示范应用，面积4 000余亩，辐射开化县推广应用突破10 000亩。该技术可在浙江省内推广。

9. 杨梅产业提质增效综合技术

技术简介： 浙江省杨梅主栽品种"东魁"因成熟期较晚，深受杨梅果蝇危害，加上采收期恰逢"梅雨"季节，导致"东魁"杨梅品质下降。常规的灯光诱杀、化学喷药防治等对果蝇的防效均不理想。在杨梅果实发育早期，采用单株或数株全树覆盖防虫网技术，通过构建物理隔离屏障，可有效减少果蝇危害，俗称罗幔杨梅。杨梅采收前10～15天用避雨膜或防雨布覆盖罗幔杨梅顶部，即为罗幔避雨栽培。几年的实践表明，通过该技术，与露地栽培相比，成熟期可提前15～20天、采前落果率降低30%～50%，果蝇危害率下降90%以上，商品果率提高20%～30%；通过对现有杨梅老品种矮化高接换种，杨梅树冠高度被控制在2.5米以下，嫁接后2～3年开始产果，与"荸荠种"杨梅相比采摘期提早5～7天、商品果率提高10%～20%。量身定制的适时、适地、适树的杨梅栽培技术规程，配合自主研制的复合微生物肥料，可使商品果率提高20%以上。设计开发的杨梅加工系列产品，使杨梅次等果利用增值30%以上，经济附加值增幅明显。

示范应用： 杨梅提质增效技术现已被列入浙江省种植业五大主推技术之一，在浙江杨梅主产区仙居、兰溪、长兴等地大面积推广。

单果重（克）

| | 露地 | 罗幔避雨 |

可溶性固形物（%）

| | 露地 | 罗幔避雨 |

总糖（克/100克）

| | 露地 | 罗幔避雨 |

维生素C（微克/克）

| | 露地 | 罗幔避雨 |

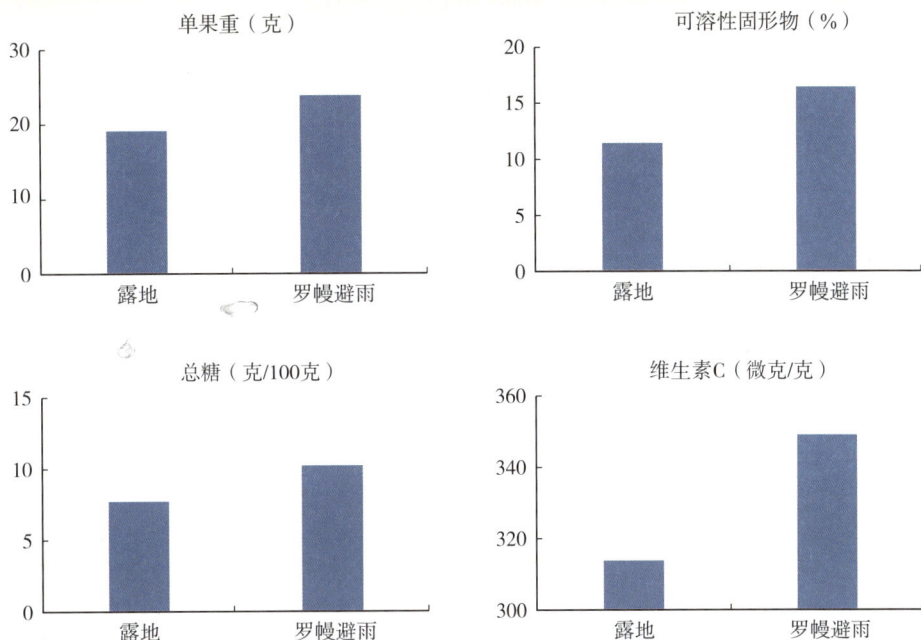

10. 精准智控设施蔬菜生产技术

技术简介： 通过栽培槽、漂浮板、营养液系统、过滤系统、智能化管理系统的优化设计和装备研发，营养液循环和消毒实现了计算机智能控制，利用高密度防渗膜建设种植槽，比传统水泥槽水培系统节省成本60%，种植面积比露天种植提高35%，速生叶菜类一年可以种植10～11茬，小白菜一年产量每亩达到1.5万千克，生菜一年产量每亩达到8 000千克。利用水培生产自动化装备，实现了整个生产过程中的播种、育苗、移栽、营养液管理和收获的自动化，提高了生产效率，节约了人工成本，有利于工厂化、规模化的推广。利用物联网、云处理等新一代信息化技术，通过智慧无感化自动远程管理、远程控制温室内空气温度、空气湿度、光照强度、土壤水分等环境参数指标，实现蔬菜植保管理、水肥一体化、作物生长过程智能监测，大幅度提高生产效率，改变农民"靠天吃饭"的农作模式。

　　示范应用： 该技术可在浙江和全国各地有条件的地方推广使用。

第 4 章

种质创新技术

1. 赏食兼用农作物新品种研发技术

技术简介：以传统农作物的颜色、花期作为新的育种目标，围绕农田景观、美丽乡村建设，开展赏食兼用的创意农业种质资源利用与创新研究，利用基因组学挖掘新的性状基因和功能基因，结合分子设计育种技术、分子标记辅助选育技术和现代诱变育种技术，创制"赏食兼用"多功能的新种质、新品种、新产品，开发出丰富多彩、功能多样、高附加值的创意农产品。"赏食兼用"品种包括不同色系和不同生理型的水稻、油菜、小麦、蔬菜、食（药）用菌、芝麻、观赏甘薯等，如进行油菜创意农业研究，选育油蔬两用、油花两用和集油用、菜用、花用、饲用、肥用于一体的油菜品种等。这些"赏食兼用"创意农业新品种叶色鲜艳、叶形奇特，花色多样，不仅具有食用价值，还具备较高的观赏价值，产量稳定，环境适宜性广，可用于休闲农业、乡村旅游、美丽宜居村庄等建设，促进当地一二三产业深度融合，促进旅游消费，带动当地经济发展。

示范应用：已在浙江省推广应用，并通过东西部扶贫协作辐射到云南、湖北等省份。

2. 优质食味稻米产业化生产技术

技术简介：浙江省农科院聚焦水稻产业提质增效、农民增收的目标，打造媲美东北优质大米的区域高端稻米品牌，创新了优质专用型品种选育、独家授权企业、建立规模化生产基地的产业化模式。以华粳308为核心品种，结合绿色轻简化栽培技术，制定了涵盖种植、收割、储藏、加工全过程的企业生产标准，生产出深受市场欢迎的"嘉稻福"高端优质稻米。该模式探索了一条科研成果从"实验室"到"餐桌"的新路径。水稻单季可实现亩产值5 000元，亩均纯收益3 000元，比种植普通水稻品种单季增收2 000元。

示范应用：在嘉善县干窑镇嘉佑农业生产基地示范应用，面积达4 000亩，单季实现产值2 000万元，纯收益1 200万元。该技术可在专用型品种适宜种植的生态区推广。

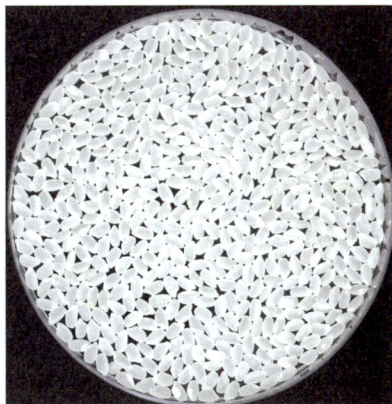

3. 浙江滩涂特色花卉新品种产业化种植技术

技术简介：以花卉产业需求为导向，以科技创新为核心，浙江省农科院自主选育推广了"大叶瞿麦""亚菊1号""金叶""蓝莲花"等观赏性佳、适应性和抗逆性强的滩涂特色优良花卉新品种。应用容器化栽培、水肥管控、株型与花期控制等低碳、环保、节能的绿色高效生产技术，优化了区域花卉苗木品种结构，实现花卉种苗供给的本土化、特色化，减轻了

引种导致生态入侵的风险，实现花卉生产品种、品质、技术的提升，不断提升了花卉产业竞争力。以产业发展带动企业发展，企业发展带动周边种植户的发展，从而达到共同富裕的目的。较之同类花卉，商品价值提高了20%，生产种植与管理养护成本降低了35%，实现年亩均纯收益6万元。

示范应用：在温州瓯海、瑞安、洞头等县市区示范应用，推广数量近300万株，辐射带动周边花企32家。示范区域实现产值5000万元，示范企业年增效益达100%以上。该技术可在浙江沿海非耕地适宜地区推广。

4. 菜用大豆"浙农6号"复耕及盐碱地全程机械化生产技术

技术简介：围绕扩地增粮、提质增效的目标，"浙农6号"菜用大豆2022年首次在海盐县滩涂复耕地及盐碱地大面积试种成功，表明"浙农6号"耐盐碱能力较强，可作为先锋作物，在复耕地及盐碱地推广种植。同时，通过全程机械化生产技术的集成和应用，有效解决了限制菜用大豆产业发展的劳动力短缺、生产成本过高等问题，充分利用浙江万好食品有限公司订单生产、统一技术服务、保护价兜底、定制公益岗位等优势，实现了全产业链高效发展和种植户共同富裕。"浙农6号"产量高、品质优、耐盐碱，亩均产值2520元，比其他品种亩增效约270元；人工采摘条件下，菜用大豆采摘费用约840元/亩，机械化采摘费用约300元/亩，每亩可节省人工费540元，合计节本增效810元/亩。

示范应用：在海盐县澉浦镇、沈荡镇示范应用，面积2000亩，海盐全县辐射推广应用5万亩，年增效4050万元。该技术可在全省菜用大豆主产区推广。

菜用大豆机械化采摘

5. 优质绍兴黄酒酿制专用糯稻新品种选育技术

技术简介： 绍兴黄酒是绍兴的著名特产，生产历史悠久。据文献记载，春秋战国时期绍兴酿酒业已很普遍。酿造绍兴黄酒有三大法宝：优质的糯米、鉴湖水以及独特的酿制技艺。传统黄酒酿造以常规晚粳糯稻为主原料，其产量水平较低，黄酒企业对成本控制有较高需求，需要酿酒品质优良兼顾高产的糯稻品种。受多种因素制约，绍兴黄酒主要原料米长期依靠外省种植供应，缺乏完整的绍兴黄酒专用糯稻供应体系。浙江农科院收集省内外优质糯稻品种，经繁育原种、扩繁材料、杂交配对等环节，观察比对糯稻抗性、直链淀粉含量、产量和环境适应性，现已从230份中选育出抗病力强、发育良好、转色佳的品系12份，经米质分析测定，均达优质糯米标准，可作为黄酒酿造原料。对精选出的12个糯稻品系（种）进行传统加饭酒酿造试验，通过浸泡、蒸饭、发酵等多道工序后获得黄酒样品，以绍兴黄酒品质鉴定标准对新酿黄酒进行感官适口比对，有4个糯稻品系得分超过现有酿酒糯稻品种。为进一步鉴定黄酒专用糯稻品种生产适应性，选取省内嘉兴、湖州等地共6个点位进行稳定性测定观察，最后确定优质绍兴黄酒酿制专用糯稻品种（系），从原料上有效提升黄酒口感和风味，提升绍兴黄酒品质。

示范应用：浙江省绍兴、嘉兴、湖州等地。

6. 优质猪新品种"绿嘉黑"及其生产技术

技术简介：覆盖全球的瘦肉型杂交商品猪虽有高产高效优势，但其肉质风味已渐受抱怨；而我国地方土种猪虽肉质风味较好，但因其生长性能低而难于商品化开发。浙江省农科院从猪肌纤维类型优化入手配置国内外优异猪种资源，杂交选育出优质黑猪新品种"绿嘉黑"，猪全身被毛黑色或间有蹄脚白线、体型外貌基本一致、性状遗传稳定、变异程度符合品种要求。在生长性能与肉质风味的结合上取得突破：达100千克体重日龄平均185～200天，估测瘦肉率平均57%，肌内脂肪平均含量3.2%～4.0%。与"杜长大"三元猪相比，肌纤维直径平均降低40%～50%，氧化型肌纤维含量平均增加2～3倍，水溶性滋味物质和挥发性风味物质大幅提高，其中部分指标还显著优于土种猪。比起土种猪，"绿嘉黑"猪肉肥膘薄、优质肉丰满、大理石花纹明显等特点，是消费者喜爱的高端"雪花肉"。已注册"绿嘉黑"商标，猪肉品牌试销反响良好，产业化前景广阔。

示范应用：浙江省嘉兴海宁和湖州安吉等地的养猪企业和散户已经开始饲养"绿嘉黑"新品种。

7. "浙紫青1号"紫色青菜品种选育技术

技术简介：国内青菜品种大多都是常规品种，如上海青、矮抗青、605、苏州青、油冬儿等。由于提纯复壮和采种不严格等问题，这些青菜个头有大有小，品质和产量参差不齐，比不上长势整齐、品质优异、产量高的日本杂交青菜。浙江省农科院利用从大白菜转过来的雄性不育青菜作母本，以有稳定表现的束腰紫红青菜作轮回亲本进行了回交选育，经过多年回交至稳定性一致，培育出了"浙紫青1号"紫色青菜品种。"浙紫青1号"叶片紫色，叶柄肥厚，束腰比较好，口感比较糯，而且花青素含量比较高。有别于普通青菜的叶色，该品种还能为田园景观增加不一样的风貌，促进乡村景观建设。

示范应用：杭州乔司种植示范基地。

8. "迎春1号"油菜品种选育技术

技术简介："迎春1号"是浙江省农业科学院通过多年对油菜春化特性的研究，培育出的特早熟，矮秆，油、菜、花、肥兼用型油菜品种，解决了油菜必须通过低温春化才能开花的难题。通过选择不同播期，该品种可实现秋、冬、春三季开花，用于观光旅游，可延长赏花期；如利用冬闲田种植该品种，可先割薹后培肥土壤，或观光后用于培肥土壤，是晚秋冬闲田花、肥兼用和菜、肥兼用栽培的最佳选择。该品种还具有矮秆的特性，株高仅1米左右，可用于冬季落叶果园套种，油菜生长期间还能起到控草、保湿的作用，收后植株培肥，能提高果品的产量和品质。果园套种过程中还可种养结合，发展果园养殖。此外，该品种菜薹可作鲜食蔬菜，或加工成速冻蔬菜和脱水蔬菜用于淡季上市，解决夏季蔬菜不足和农药残留多的问题。

示范应用： 该品种已在浙江、贵州、福建、江苏、江西、安徽、重庆、四川、新疆、北京、上海等地示范种植，深受大家的喜爱。

9. 优质多抗紫糯单季晚粳稻品种"紫糯18"选育技术

技术简介： 作为新型营养功能性食品重要原材料的有色稻米越来越受到消费者青睐，市场和生产都有较好的应用前景。"紫糯18"系浙江省农科院作物与核技术利用研究所自主培育的水稻新品种，稻米品质达到优质标准。该品种株型紧凑，分蘖力中等，剑叶短、挺，叶片深绿、叶脉紫色，稻穗紫红色，直立穗，穗型中等，着粒密。两年自主试验平均全生育期131.4天。亩有效穗数11.1万，株高109.7厘米，穗长16.6厘米，每穗总粒数171.1粒，结实率84.3%，千粒重23.9克。经浙江省农科院2018—2019年抗性鉴定，穗瘟损失率最高5级，稻瘟病综合指数3.2，为中抗；白叶枯病最高7级，为感病；褐飞虱最高9级，为高感。经农业农村部稻米及制品质量监督检测中心2018—2019年检测，平均精米率68.6%，长宽比1.9，直链淀粉含量1.9%，胶稠度98毫米，碱消值6.7。2018年浙江省自主试验平均亩产327.0千克，2019年区试平均亩产362.1千克，两年省区试平均亩产344.5千克，2019年生产试验平均亩产360.4千克。该品种属特殊类型单季常规紫糯稻，生长整齐一致，后期熟色好，抗倒性好，观赏性好，观赏期长。

示范应用：适宜在浙江省作特殊类型单季糯稻种植，适合在浙江西南丘陵地区推广应用。

10. 甜糯玉米新品种"彩甜糯168"选育技术

技术简介："彩甜糯168"玉米是浙江省农科院玉米与特色旱粮研究所选育的品种，该种玉米籽粒紫、白相间，不仅在外观上独特美丽，且具有果穗大、籽粒饱满、口感糯中带甜等特点。该品种平均鲜穗亩产926千克，比对照"苏玉糯5号"增产23.3%，生育期80～85天，株型半紧凑，株高

210厘米，穗位高89厘米，去苞单穗重278克，穗长18.7厘米，秃尖0.4厘米，穗行数13.4行，鲜百粒重36.2克，籽粒中等，抗小斑病和中抗纹枯病；支链淀粉占总淀粉的99.1%、皮渣率11.7%。该品种亩产可达1 400～1 500千克，稳产性、抗倒性、抗病性均较好，品质综合评价好，获得2021年长三角金奖。

示范应用：在浙江省龙游县示范应用，攻关田亩产1 442.98千克、百亩方平均亩产1 398.62千克，双双打破"浙江农业之最"春季鲜食糯玉米亩产和百亩方亩产纪录。适合在安徽和江苏两省淮河以南地区、上海、浙江、江西、福建、广东、广西、海南等地作鲜食玉米种植。

第 5 章

乡愁食品技术

1. 缙云烧饼制作技术

技术简介： 浙江省缙云县每年安排500万元专项资金用于缙云烧饼制作技艺的传承保护、品牌宣传推广，出台实施意见，成立烧饼协会，建设烧饼文化展示馆，开设烧饼传统技艺培训班，培育和建设传承人队伍；制定《缙云烧饼制作规程》市级地方标准，实现注册商标、门店标准、制作工艺、原料标准、经营标准、培训内容"六统一"。通过开办示范店、举办节庆展会、媒体宣传等方式推动，

缙云烧饼制作技艺影响力辐射全国各地，扩大了烧饼非遗技艺影响力和知名度，形成产业化、规模化发展趋势。截至 2022 年底，缙云烧饼产值达到 30.2 亿元，同比增长 11.9%，从业人员达到 2.4 万人；全县累计培训烧饼师傅 11 219 人，在全国开设示范店 699 家，草根摊点 8 000 余家，并走出国门，在美国、意大利、西班牙等 16 个国家和地区开设了示范店。

示范应用：浙江省缙云县为示范核心区，已在全国推广。

2. 灰汤粽制作技术

技术简介：杭州市富阳区湖源乡窈口灰汤粽拥有悠久的文化传统，其由来可追溯到西晋。据名臣周处（236—297 年）所撰《风土记》中记载，"用菰叶裹黍米，以淳浓灰汁煮之，令烂熟"。古人将"灰汤"中所含的碳酸钾变成粽子的发色剂、赋香剂、品质改良剂、防腐剂和营养强化剂，"灰汤"制成的粽子，胃不好的人吃了也不会不舒服。灰汤粽的制作过程相对繁琐，关键是糯米与灰汤水，需将烧好的稻草灰过滤出灰汤水，再将糯米在灰汤中浸泡 2～3 小时，直至可以看到白白的糯米"染上"了淡淡的黄色；粽叶要新鲜采摘，通过热水蒸煮处理；随后，根据个人的口味喜好，加入鲜肉、豆沙、蜜枣等馅料；最后将包好的粽子有序摆放在大锅中，倒入之前浸泡过糯米的灰汤水，用大火煮 4 个小时，再用小火慢炖 4 个小时。近年来灰汤粽还在不断传承创新，已经有纯灰汤粽、灰汤蜜枣粽、灰汤豆沙粽等口味，还有窈口纯肉粽、蛋黄肉粽、干菜肉粽、板栗肉粽、毛豆肉粽、笋干肉粽、豆腐肉粽等品种。引进了多套专业设备，建立

操作规范和质量标准，使灰汤粽在保持传统风味的同时，能够做到安全卫生，方便携带运输。通过高温灭菌和真空包装，延长粽子保质期，可以通过快递物流方便地送达全国各地。2022年，仅端午节期间，灰汤粽销售量就高达43万只，同比增长20%。

示范应用：杭州市富阳区湖源乡源享共富工坊。

3. 营养海鲜酱加工技术

技术简介：营养海鲜酱生产技术是利用现代食品加工新技术对传统调味料加工技术及产品进行改造、创新、提升而成的新型风味调味酱加工技术。海鲜酱产品以鳕鱼、元贝、鱿鱼、金枪鱼、虾米等水产品为主要原料经特殊工艺加工而成，通过制造工艺的创新，产品风味类型多样，口感较传统海鲜酱大幅提升。产品携带方便，富含营养元素，具有生产周期短、

盐度低、不使用防腐剂、可自动化连续生产等特点，能满足当代消费者所追求的生活节奏快、便捷、美味、营养均衡的需求目标。

示范应用：在浙江省沿海地区进行示范应用。该技术可推广至全国沿海地区。

4. 香榧油和香榧食品深加工技术

技术简介：香榧种植面积在全国持续扩大，干果价格连年走低，深加工成为必然。榧籽油含特有的功能成分金松酸，是一种高端功能食用油。主要工艺技术有：①榧籽油、渣分离技术，采用种仁低温压榨生产榧籽油，得油率30%～41%，榨饼可食用。②香榧油的精炼工艺，香榧油产品符合质量标准。③脱脂香榧榨饼的超细和生香技术，生产香榧食品和香榧酒。④香榧深加工，确保每千克干果价格保持在400元以上。

示范应用：浙江省诸暨市。

5. 高品质浆果果酱的开发

技术简介：针对传统蓝莓果酱无蓝莓颗粒的缺陷，通过工艺的创新，使所得新产品含有咀嚼性好的蓝莓大果粒。充分利用杨梅、蓝莓资源和加工副产物，开发了富含膳食纤维的浆果果酱。采用超临界CO_2流体萃取获得蓝莓花色苷萃取物并将其加入果酱中，产品的总酚、花色苷含量分别提高26.92%和42.53%。

示范应用：研究成果获2019年浙江省科技进步奖三等奖，并在台州、杭州等主产区应用。

6. 金华火腿高值化深加工关键技术

技术简介：针对金华火腿加工技术粗放、产品形式单一，分割小包装生产过程中大量的骨、皮、油脂等副产品利用率低等问题，该技术吸收欧式发酵火腿技术精华，研究低盐发酵火腿加工过程中微生物、内源酶的作用机理及蛋白质降解等规律，创建即食火腿质量评价方法与安全控制技术；通过复合酶解、Maillard 的风味化、微胶囊、生物保鲜、质量安全控制等技术集成，优化辅料配伍，开发了低盐火腿、即食火腿薄片、火腿高汤等三大系列产品，创建金华火腿高值化深加工模式，解决了火腿产业加工技术、装备落后、产品单调、利润率低等关键共性问题。该技术获得了2012—2013 年度神农中华农业科技奖二等奖。

示范应用：浙江省金华市。

7. 渍菜坯料低盐长效保存与清洁加工关键技术

技术简介: 在人们的日常生活中,蔬菜加工有腌渍、干制、罐藏、速冻等,而其中最常用的就是腌渍蔬菜。由于食盐的含量很高,通常在13%～15%,这样的高盐腌渍虽然能够使蔬菜进行长时间的保藏,但是高含量的食盐不利于人类健康。渍菜坯料低盐长效保存与清洁加工关键技术以7%的食盐为盐渍条件,采用先进的气体调控技术,使渍菜坯料在低盐条件下长效保存,保存期长达1年以上。该技术可以降低渍菜坯料保存过程中亚硝酸盐的含量,抑制渍菜表面"生花",卤水清澈透明,保持渍菜的色泽和脆度。该技术可降低30%～50%的食盐使用量,使卤水排放较传统高盐模式降低1/3以上,可简化生产工艺、提升生产效率和降低用水成本,减少渍菜营养和风味的流失,为改善我国传统腌渍蔬菜工艺提供了新的思路,对我国渍菜产业的控污减排、清洁加工以及可持续发展具有重要的经济、社会和生态意义。该技术适用于以榨菜、雪菜、萝卜、泡椒等为原料的渍菜长效保存。该技术已申请国家发明专利2项。

示范应用: 浙江省萧山、兰溪等地。该技术适合在全国推广使用。

8. 营养、健康柴叶豆腐加工关键技术

技术简介: 柴叶豆腐是一种营养、健康的食品,含有丰富的果胶、粗蛋白和膳食纤维、维生素、微量元素等,具有广阔的市场前景。目前,柴叶豆腐多以民间制作、食用为主,工艺的不稳定和质量体系不健全造成了其货架期短,严重影响了产品的运输与销售。该技术采用微波前处理等现

代高新技术，研究形成了豆腐柴汁脱涩味、青草味等新工艺；对柴叶豆腐胶凝机理进行了研究，采用安全、绿色的物质替代传统的香灰或草木灰；利用真空冷冻干燥手段，建立了豆腐柴青汁速溶工艺，开发了形式多样的产品，最大限度保持了原有的营养价值、色泽和风味，具有货架期长、易制作、携带方便等特点。

示范应用： 浙江省新昌县。

9. 枇杷膏加工技术

技术简介：枇杷原产于我国西南地区，有2 000多年的栽培历史。目前主要分布于我国长江以南的浙江、安徽、江苏、福建、广东、广西、湖北、湖南以及四川、重庆等地。我国枇杷产量占世界总产量的70%以上。枇杷是浙江省特色水果，面积、产量、产值仅次于四川与福建，位居全国第三位。据2015年浙江省统计年鉴公布的数据，浙江省枇杷种植面积1.212万公顷、年产量7.1万吨，总产值9亿～10亿元。枇杷是重要的营养和保健果品，具有止咳、润肺、利尿、健胃、清热降温等功效，明代医学家李时珍早在《本草纲目》中就肯定了枇杷的疗效，"枇杷，止咳嗽，止渴下气，利肺气，止吐逆，主上焦热，调五脏。"本技术以商品性较差的枇杷果实和枇杷叶为原料，采用科学配方，经配料、浸药、提取、浓缩、收膏等工艺流程加工而成，成分保存率高。枇杷膏有助于消除疲劳、增进食欲，对容易咳嗽、气管易过敏的人，或是肺功能不好的人都有帮助。

示范应用：浙江省武义县桐琴镇。

10. 低盐倒笃菜快速加工技术

技术简介：传统倒笃菜的腌制是采用自然发酵的方法，即在新鲜九头芥中加入较高浓度的食盐水，降低水分活度，提高渗透压，从而有选择地控制微生物的活动，抑制腐败菌的生长，使九头芥进行乳酸发酵。自然发酵虽然能够得到较好的产品，但是产品质量参差不齐，而且严重依赖制作人的熟练程度以及天气温度等自然环境的变化，所得的产品在贮藏过程中极易腐败变质；并且自然发酵的加工周期较长，一旦加工原料积累，很容易导致原料的腐败变质而产生浪费。针对原有技术存在的不足，该技术提供一种倒笃菜的快速加工方法，使所得产品的食盐和亚硝酸盐含量降低，产品具有口感好、色泽鲜亮的特点且具有倒笃菜的特殊风味。首先将原材料九头芥进行预处理，然后进行腌制、前期发酵、接种、封坛和后期发酵，腌制成熟后即可得到低盐倒笃菜，其中接种中采用的菌种为植物乳杆菌。与传统方法相比，采用本方法制得的产品最终水分含量稍高，食盐的质量分数以及亚硝酸盐的质量分数明显降低，发酵周期大大缩短。

示范应用： 浙江省宁波、建德等地。

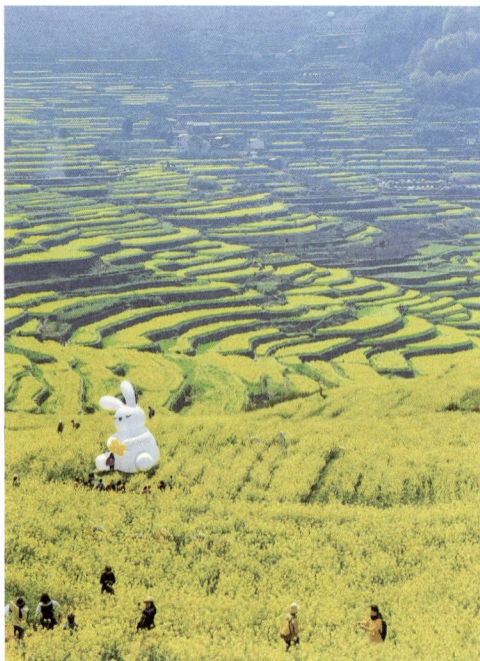

第 6 章

美丽田园技术

1. 粮油作物四季美丽田园种植技术

技术简介： 该技术也称"美丽田园+粮油兼收+研学观光"的种植综合技术。即利用创制的适合浙江省种植的美丽田园种质资源，以向日葵等赏食兼收作物为主线，搭配不同的粮油作物，因地制宜开展"美丽田园轮作模式+种植色彩搭配+土地优化改良+多季观赏期调节+研学辅导+全程技术指导"的综合技术集成应用，体现美丽生活、美丽经济和美丽生态的综合效益。

示范应用：利用向日葵耐盐碱、耐贫瘠的特点，在浙江省乐清市的盐碱地和建筑垃圾堆积地，示范种植960亩美丽田园，实现直接产油量达到2.1万千克，直接经济效益40万元，花期观赏人数达到24万人次，综合效益300万元。该技术可在全国推广使用。

2. 创意农业规划设计技术

技术简介：传统农业本身能够为农民带来的经济收益极为有限，通过将农业与其他产业相结合，发展拥有更多增值方式的创意农业，能够帮助农民从农业中获得更多的财富，进而提升生活品质，是现代农业未来的发展趋势。该技术基于系统工程学、建筑学、景观设计学、栽培学、生态学、计算机辅助设计等学科，通过选择适合地域文化的景观主题，结合当地环境特色，开展因地制宜又富有创意的农田景观设计、美丽乡村设计、屋顶农场设计、移动农场设计等理论与实践研究，并通过增加新材料等方式来建设更有创意的农业园区，进而吸引更多消费者为园区带来更多收益。创意农业规划设计技术通过创意把农业活动、农业技术、农产品、农

耕活动、市场需求有机连接起来，形成良性互动的产业价值体系，实现传统农业向现代农业转变。

示范应用：浙江省内11个地级市均有示范应用。

3. 田园景观数字化设计技术

技术简介：该技术是集成计算机图像识别、水稻等农作物三维群体结构建模、无人机航拍、田间精准定位的数字化田园设计技术。即通过图像识别技术判读设计图案生成种植方案，根据三维结构模型生成作物群体，预测不同时期田园的形态，辅助决策选择不同的设计方案；根据不同植株株型颜色信息的读取和匹配，确定植株种类的田间定位信息；在田间通过GPS、无人机、精准定位仪等辅助测量，使种植的彩色作物形成准确的田园画，建设美丽田园。

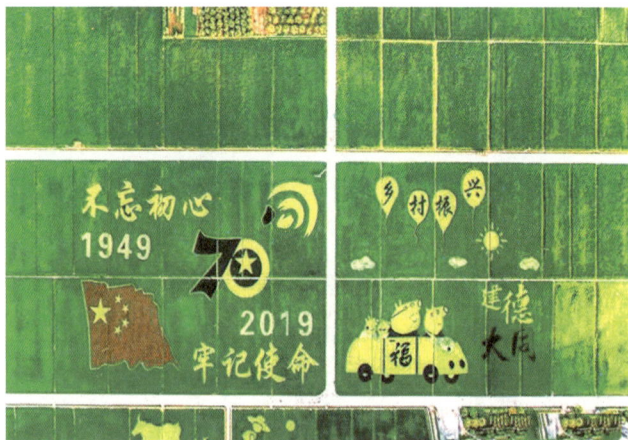

示范应用：在浙江省广泛应用，并通过东西部扶贫协作辐射到云南、湖北等地。

4. 基于农旅产业的绿色生产和康养产品开发集成技术

技术简介：基于农旅融合发展，对优质、安全、营养的绿色农产品，以及休闲农业、健康养生等新产品的需求快速增长，该技术以铁皮石斛、黄精、温山药等药食同源植物和菊花、紫薇、女贞等花卉苗木的绿化、创意生产，以及康养产品开发为目标，通过种质创新、新技术研发、产品开发，推进农业绿色化、优质化、特色化、品牌化，为实施乡村振兴战略和大健康产业发展提供有效的技术支撑，促进乡村振兴和美丽田园建设。该技术根据资源禀赋和特色，集成了药食同源药材和花卉苗木的绿色创意生产，选育出拥有自主知识产权的新品种"温山药 1 号"，并提供森林康养膳食。该技术获浙江省科技进步奖三等奖，成果内容全面系统，技术集成配套，可及时推广应用。

示范应用：浙江全省各地。

5. 基于生态工程的稻田化学农药减施技术

技术简介：针对水稻病虫害发生的特点，该技术在农田景观层面进行生态系统设计，基于生境调节的多病虫协调的绿色防控，可提高生态系统的服务功能。包括：①优先采用生物、物理、生态等非化学防控技术，减少病虫基数，提高天敌数量和作用，改善稻田生态系统服务功能；②做好杂草治理、种子处理、带药下田、穗期保护等用药关键环节，辅以高效精准应急突发性病虫害防控技术，减少化学农药使用。该技术对稻田生态系统修复效果显著，比农民自防田减少化学防治1～2次、减少化学农药使用量30%以上，促进了水稻提质增效，还可与生态沟渠、美丽田园建设等相结合，实现良好的经济、社会和生态效益。

示范应用：浙江省台州市水稻生产区域。

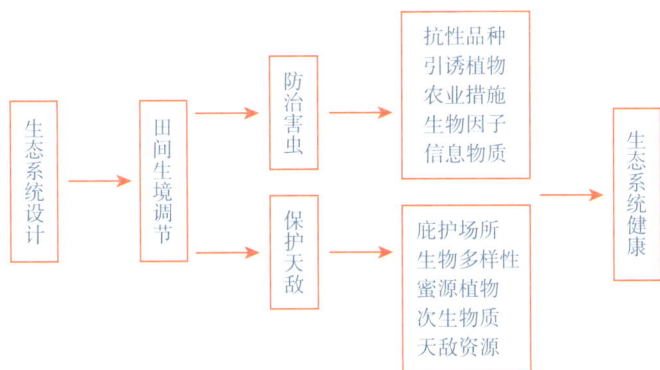

```
生态系统设计 → 田间生境调节 → 防治害虫 → 抗性品种
                                    引诱植物
                                    农业措施
                                    生物因子
                                    信息物质
                          → 保护天敌 → 庇护场所
                                    生物多样性
                                    蜜源植物
                                    次生物质
                                    天敌资源
                                              → 生态系统健康
```

6. 村庄经济开发技术

技术简介： 以浙江省安吉县鲁家村为例，该村总面积16.7平方千米，以山地丘陵地形为主。2011年村集体资产不足30万元，如今已增长到2亿元。农民年人均纯收入从1.9万元增加到3.5万元，在2015年成功创建中国美丽乡村精品示范村。鲁家村在2013年花费300万元高标准制定村庄发展规划，通过规划进行招商。安吉浙北灵峰旅游有限公司（以下简称"灵峰旅游"）看到鲁家村美好发展愿景，和鲁家村组建了"公司+村+家庭农场"的村庄经济开发模式，启动了全国首个家庭农场集聚区和示范区建设，将美丽乡村田园综合体"有农有牧，有景有致，有山有水，各具特色"的独特魅力呈现给世人。鲁家村与灵峰旅游共同组建安吉鲁家乡土旅游公司，灵峰旅游占股51%，鲁家村集体占股49%，实现村集体资产的首轮价值转换，村民成为公司股东，鲁家村成为"鲁家村"的开发运营主体。如今，鲁家村村民收入主要有4大块：旅游区提供的就业薪酬、村集体分红、土地流转的租金以及村民自主经营收入。鲁家村建立了一套完整的利益分配机制，由村集体、运营公司、家庭农场主按照约定比例共享利益，村民再从村集体中享受分红，使得村集体、旅游公司、家庭农场主和

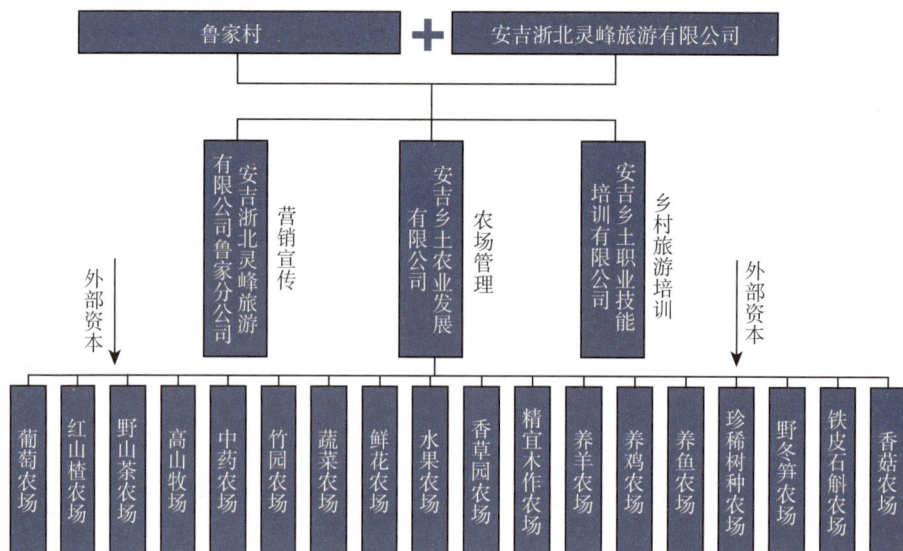

鲁家村 ➕ 安吉浙北灵峰旅游有限公司

安吉浙北灵峰旅游有限公司鲁家分公司（营销宣传）

安吉乡土农业发展有限公司（农场管理）

安吉乡土职业技能培训有限公司（乡村旅游培训）

外部资本 →

外部资本 →

葡萄农场 ｜ 红山楂农场 ｜ 野山茶农场 ｜ 高山牧场 ｜ 中药农场 ｜ 竹园农场 ｜ 蔬菜农场 ｜ 鲜花农场 ｜ 水果农场 ｜ 香草园农场 ｜ 精宜木作农场 ｜ 养羊农场 ｜ 养鸡农场 ｜ 养鱼农场 ｜ 珍稀树种农场 ｜ 野冬笋农场 ｜ 铁皮石斛农场 ｜ 香菇农场

村民都能从中获得相应的收益，调动了各方的积极性。

示范应用： 浙江省安吉县鲁家村。

7. 未来农场共富技术

技术简介： 以浙江省嘉善县西塘镇浙农耘粮油未来农场为例进行介绍。该农场整体规划种植面积2.6万亩，以水稻、小麦、油菜等粮油作物为主。农场通过"政府引导+龙头企业带动+村集体参与"模式，构建覆盖服务、生产、品控、流通、共享的为农服务生态圈，打造面向未来的生产效率高、绿色底色足的长三角现代农业样板，基本形成可复制的嘉善"浙农耘粮油未来农场共富模式"。

（1）打造全链条数字孪生平台。依托物联网、互联网等技术手段，对农场遥感、气象、土壤、监控、病虫害、碳排放等多源数据进行采集，实现作物生长数据指标的可见、可管、可控、可追踪。搭建数字孪生平台，联动田间智能监测、精准感应、自动灌排、虫情测报、多光谱无人机等智能控制系统，基于作物生长模型，为农场病虫草害防控、精准施肥、灾害防控、收获预测提供智能决策支持，实现农场管理作业的少人化、高效化。农场内水稻生产亩均节水50%、节肥15%、节燃油10%，人工成本减少20%，产量增加50千克，实现亩均降本增收超200元。

（2）实现全联动智能机械化生产。深入推进农业"机器换人"，以宜机化改造的高标准农田建设为基础，将分散零碎、高低不平的地块改造成全程机械化标准农田，提升农机通行和作业条件。推进"耕、种、管、收、烘、加、储、运"全程机械化作业，引进当地农科院培育推广的高产、优质作物品种，保障品种与机械化种植模式有机融合。同时，积极推进无人农场示范区建设，通过农业生产各环节，构建无人农机协同与运维服务平台，实现全环节无人化协同管理。

（3）建设全流程"网上庄稼医院"。通过互联网平台，建设"网上庄稼医院"，为周边农户提供线上线下相结合、涵盖农业生产全过程的综合服务和技术支持。充分发挥浙农集团自身科技服务团队、浙农全省飞防联盟等力量，在做好自有土地生产管理的同时，积极向西塘镇、天凝镇等地提供技术、农资、农机服务等。"网上庄稼医院"项目已荣获浙江省信息经济技术进步奖。

示范应用： 2022年，浙江省嘉善县共举行农民技术培训会15场，培训种植户360人次，服务面积5.2万亩，带动种植户增收超200万元。该技术模式可推广至全国。

8. 作物迷宫创意制作技术

技术简介： 随着休闲农业与乡村旅游的日益火爆，突破传统农业的瓶颈，将农业与休闲结合起来，发展乡村旅游是农业转型升级提升综合效益的出路之一。作物迷宫便是一种农业与休闲相结合的创意农业方式，它不仅可供人们休闲娱乐、缓解生活工作的压力，还提供了人们与自然交流的空间，人们可在游玩中认识、感知植物，感受自然与农业的魅力。利用玉米、向日葵、芝麻、油菜、高粱、甘蔗等农作物高秆的遮蔽性，将农业生产与迷宫制作相融合，并在图案中融入当地文化，创造出富有特色的作物迷宫，让农业生产变成休闲农业的"风水宝地"，实现农文商旅深度融合，让农业在文化上有说头、在景观上有看头、在休闲上有玩头、在经济上有赚头。迷宫中可以穿插的各种亲子游乐项目、体验性比赛、灯光节展览、农产品售卖等项目，让农田在保证完成正常生产的前提下，更大程度地与旅游结合，提高了效益。

示范应用： 浙江省桐庐县分水镇大路村稻田迷宫，该技术可全国推广使用。

9. 创意温室建造技术

技术简介： 田园鲁家农业高科技示范园从安吉知名的茶产业、竹产业和蚕桑产业中汲取灵感，设计出由"三片茶叶"和"三片竹叶"组成的高科技创意温室群。1号温室为现代蔬果馆，采用世界领先水平的荷兰种植模式和水肥自动控制系统；利用现代物联网技术，精确控制水肥，具有高产、高质、安全可控的特点。2号温室为农副产品质量安全检测室，可承担基因序列、种子质量、土壤肥料、农药及金属残留检测，保证农产品质量，保护农业生态环境。3号温室为百花馆，以采用世界唯一的日本花鸟园垂吊花卉，全球独有的室内立体鲜花景观技术为核心，是365天鲜花盛开的立体智慧花园。4号温室为热带植物馆，为热带植物展示中心，展示了都市农业的热带作物以及矮化观赏类热带果树。5号温室为现代化育苗中心，根据作物的生长需要，模拟了自然界中海洋涨潮落潮的水流形态，利用工业自动化技术使农业生产更轻松、更智能、更高效。6号温室

为植物工厂，展示了最新的智慧农业和未来农业模型，具有全光谱 LED 补光灯、智能运输系统的智能化植物工厂处于世界一流的水平。通过温室群打造国家级田园综合体的现代农业样板，集生产、观光、休闲、餐饮、购物、科研、培训于一体。

示范应用：浙江省安吉县鲁家农业高科技示范园。

10. 湖州东站站前广场"稻香田园"工程设计技术

技术简介：浙江省湖州火车东站是带动湖州东部新城绿色创新智造发展的新引擎，是展示繁华美丽新江南、湖光山色生态城的城市新名片。为打造一处展现江南水乡地域文化特征，充满时尚科技元素，以稻香田园为主题的沉浸式交通枢纽旅游目的地，湖州火车东站站前广场采用"一心分五谷，一环串六园"的布局，以硬质广场为核心，延伸出稻香谷、樱花谷、紫薇谷、桂花谷与梅花谷，四时不同；以场地道路为环，设计了竹园、花园、桑园、乐园、茶园、菜园，景色各异。在出站口的位置，规划植入"彩色水稻+彩色大麦"的轮作方式，更加丰富作物色彩的多样性，延长稻田景观的观赏期。彩色水稻应用 ZHZ2（黑色）、TC02 黄叶 2（穗绿）、TC03（白叶）、TC04（粉紫）四个高品质品种；彩色大麦应用黄色、红色、绿色 3 个彩色品种，黄色、绿色叶色全生育期保持，叶色观赏期长；红色到翌年的3—4月出穗期之后显现，观赏期约1个月。在北侧靠近公路处，规划"彩色油菜＋彩叶番薯(彩叶大豆)"的轮作方式，成片种植的作物营造出独特的农田景观，采用轮作的方式延长花的观赏期。利用不同颜色作物，采用分行或分带相间种植，相邻两块花色对比明显。彩色油菜采用浙江省农业科学院筛选培育出的白色、橘红、土黄、紫色的4个甘蓝型油菜品种；彩色番薯6月播种，10月收获，有紫色、黄色、绿色3种颜色。广场综合丰富景观要素，基于旅客流动线多角度全方位营建"稻香田园中的车站"意象，稻田花谷隐喻湖州"五谷丰登"的发展愿景，六个花园创造舒适游赏体验，形象展现湖州水乡地域文化。

示范应用：浙江省湖州市火车东站站前广场。

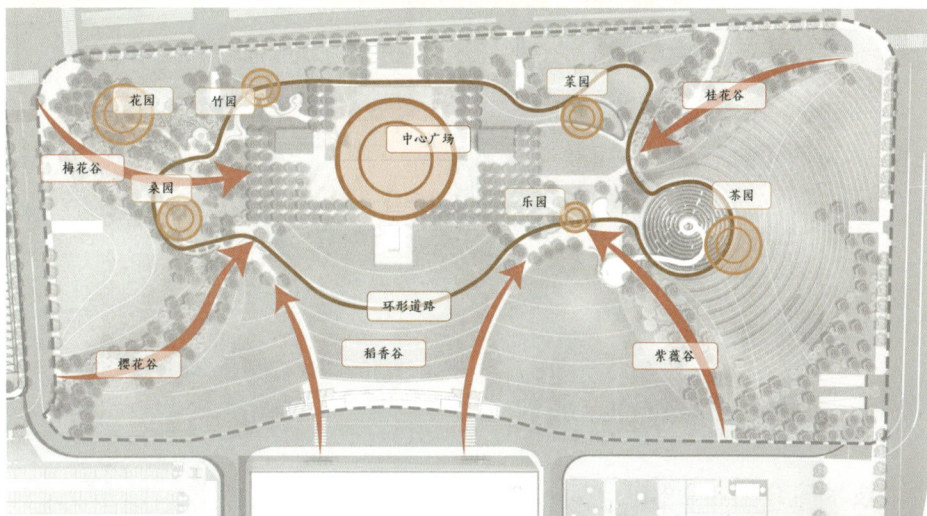

第 7 章

传统农耕技术

1. 青田稻鱼共生种养技术

技术简介：青田稻田养鱼历史悠久，早在1 200多年前，当地居民就开始稻田养鱼，并传承至今。2005年，青田稻鱼共生系统被认定为全球重要农业文化遗产，也是首批全球重要农业文化遗产。鱼为水稻除草、除虫、耘田松土，水稻为鱼提供小气候、饲料，减少化肥、农药、饲料的投入，鱼和水稻形成和谐共生系统，这种以稻养鱼、以鱼促稻，充分利用了各种自然资源，是种养业有机结合的典范。青田县一方面打造"青田田鱼""青田稻鱼米"等区域公共品牌，实现"一亩田、百斤鱼、千斤粮、万元钱"的稻鱼产品价值提升。青田探索"农业+文化+生态+旅游"的融合发展模式，持续擦亮"稻鱼共生"文化遗产金名片，"识遗产、品田鱼"已成为青田县方山乡的特色旅游品牌。截至2022年6月，青田稻田养鱼产业面积已达8万亩，标准化稻田养鱼基地3.5万亩，年综合产值超过5亿元，成为青田东部地区农民主要收入来源。通过示范基地带动以及拓宽销售渠道，"青田稻鱼米""青田田鱼"不仅摆进超市货柜，而且身价倍增。目前，在淘宝、京东开设直营店铺，入驻盒马鲜生，与全国440多个城市酒店、企业、机关建立供应网络，稻米价格从原来的每千克4～6元提高到20元以上，并成为首届联合国地理信息大会指定用米。

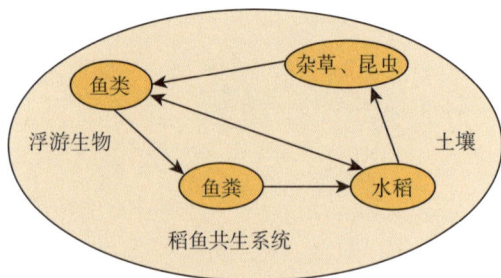

稻鱼共生系统

示范应用：浙江省青田县，并在贵州省多个县进行推广示范。

2. 庆元林菇共育技术

技术简介：自南宋以来，庆元人工栽培香菇就是代代相传的技艺。庆元人合理利用森林资源发展食用菌产业，从剁花法到段木法再到代料法，食用菌栽培技术不断演化升级，形成了以"林—菇共育技术"为中心，森林保育、菌菇栽培、农业生产有机融合的山地农林复合生态系统，在更大层面丰富拓展了农业文化遗产的内涵与外延，推动形成森林、梯田、村落、河流和谐共生的生态景观。2022年，"浙江庆元林—菇共育系统"被联合国粮农组织正式认定为全球重要农业文化遗产。庆元原本是浙江省经济发展相对落后的县，依托庆元香菇文化遗产系统，实现了森林资源保育与食用菌产业的协同发展，形成了涵盖农林产品生产、加工、销售，以及森林旅游和乡村文化旅游等多种产业类型。庆元县精心打造林菇共育文化体验之旅等10条旅游线路，不断释放农业文化遗产的衍生价值。2022年全县食用菌产业产值达50亿元，较10年前增加34亿元，食用菌关联产业从业人员达7万多人；庆元县森林景区接待游客约113.5万人次，旅游收入达15亿元。

示范应用： 浙江省庆元县。

3. 湖州桑基鱼塘种养循环技术

技术简介： 湖州桑基鱼塘系统起源于春秋战国时期。两千多年来，区域内劳动人民发明和发展了"塘基上种桑、桑叶喂蚕、蚕砂养鱼、鱼粪肥塘、塘泥壅桑"的桑基鱼塘生态模式，最终形成了种桑和养鱼相辅相成、桑地和池塘相连相倚的江南水乡典型的桑基鱼塘生态农业景观，并形成了丰富多彩的蚕桑文化。在桑基鱼塘系统中，鱼塘肥厚的淤泥挖运到四周塘基上作为桑树肥料，由于塘基有一定的坡度，桑地土壤中多余的营养元素随着雨水冲刷又源源流入鱼塘，养蚕过程中的蚕蛹和蚕砂作为鱼饲料和肥料，生态系统中的多余营养物质和废弃物周而复始地在系统内循环利用，没有给系统外的生态环境造成污染，对保护太湖及周边的生态环境及促进经济的可持续发展发挥了重要的作用。桑基鱼塘系统是人与自然和谐相处，儒家"天人合一"的"仁爱"生态伦理道德观的典范，也是中国道家生态哲学思想的体现。2017 年 11 月，湖州桑基鱼塘系统被联合国粮农组织认定为"全球重要农业文化遗产"，湖州市南浔区和孚镇荻港村是桑基鱼塘系统核心保护区。荻港村以桑基鱼塘系统为依托，以鱼桑文化为载体，通过开展"鱼文化节"和系列研学活动，引进总投资 8 000 多万元的桑基鱼塘农产品加工项目，研发生产"桑陌系列"特色鱼桑小吃，打造荻港美食一条街，不断延伸拉长鱼桑文化旅游产业链。桑基鱼塘系统核心保护区和孚镇荻港村，2021 年吸引游客约 80 万人次，带动旅游和土特产销售超亿元，实现产村融合、村强民富。

　　示范应用：浙江省湖州市。

桑叶养蚕
蚕
桑叶
蚕砂
蚕砂喂鱼
桑树
塘泥肥桑
塘基种桑
池塘养鱼
塘泥

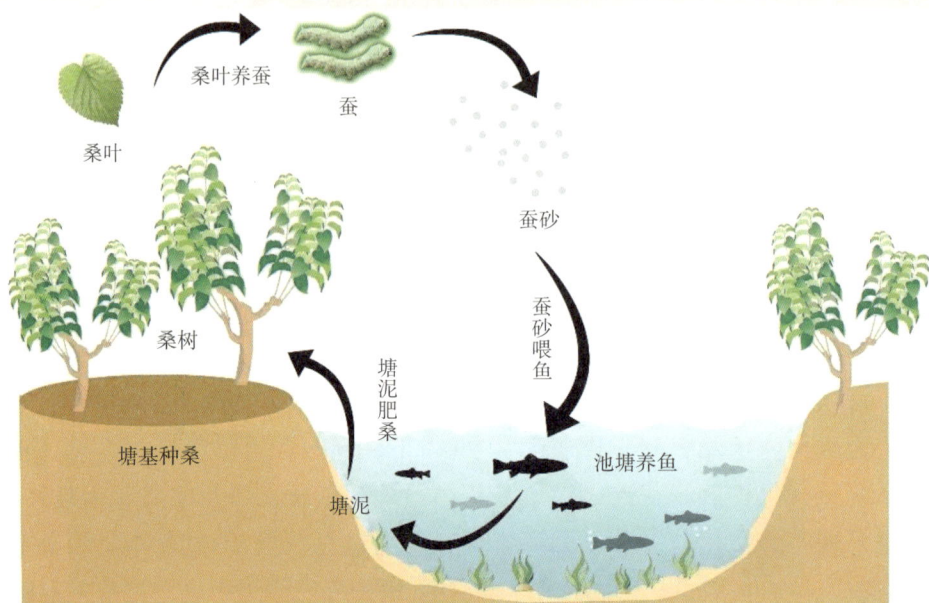

4. 德清淡水珍珠传统养殖与利用技术

技术简介： 地处杭嘉湖平原水网地区的德清县，水域面积广阔，水资源丰富，东部水乡河流纵横交错，西部山区亦有众多山塘水库，特别适合淡水蚌的生长繁殖。自南宋以来，这里便是珍珠养殖的重要地区。在这里，中国开始了有据可考的人工养殖珍珠的历史。粗放养殖曾让德清珍珠发展面临危机，而生态立体化珍珠养殖模式让德清走出了一条以水养蚌、以蚌护水、以蚌富民的可持续发展道路。珍珠人工立体生态养殖是在水体中通过吊养的方式养殖河蚌。同时，在水体中养殖鱼类，以鱼类的残饵作为河蚌的食物，或利用鱼类的残饵和粪便培育浮游藻类作为河蚌的饵料，从而有效改善水质，增加生态系统的稳定性，实现生态效益和经济效益共赢的目标。河蚌与其他物种形成了和谐的生态系统，以鱼带蚌、以蚌补鱼、鱼珠双丰，还形成了种桑、种稻（麦）、畜牧和养鱼相辅相成，桑地、稻田和池塘相连相倚的"粮桑鱼畜"生态系统和生态农业景观。2017年7月，德清县淡水珍珠传统养殖与利用系统成功入选中国重要农业文化遗产名单。中共德清县委、县人民政府还与龙头企业代表欧诗漫控股集团合作，依托浙江德清淡水珍珠传统养殖与利用系统，积极发展农业文化遗产旅游，倾力打造农业文化遗产旅游品牌——珍珠小镇。小镇占地面积超千亩，年接待游客30万人次，拥有欧诗漫珍珠博物院、珍珠研究院、珍珠设计院、透明工厂、文化长廊、小山漾珍珠生态养殖核心基地和珍珠文化园等，是一个集珍珠养殖、文化体验、工业观光、美容养生、互动娱乐于一体，一二三产业高度融合的精品珍珠文化展示旅游体验区。欧诗漫控股集团作为行业龙头，投资6 500万元，重磅打造了6 200平方米的珍珠博物院，是珍珠小镇的一大亮点，在展示、宣传、推广世界珍珠文化方面做了

"粮桑鱼畜"系统

突出贡献。自2018年5月正式开放以来，已接待游客10余万人次，开展活动百余项，取得了良好的社会反响。截至2019年底，欧诗漫珍珠博物院已接待各类研学团体约5万人次；已承担十余项来自英国、美国及一些发展中国家的农业文化遗产交流活动。珍珠博物院作为中华珍珠文明对话世界的窗口，为全球珍珠产业的研究、展示与发展提供了交流平台。2022年，全县淡水珍珠养殖面积约5 000亩，珍珠养殖与深加工年产值超过70亿元。德清县珍珠产业从业人员近3 000人，上下游带动就业超过2万人。

示范应用：浙江省德清县。

月桂香项链　　　　珠联璧合耳坠　　　　珍珠化妆品　　　　珍珠保健品

5. 绍兴古香榧群复合经营技术

技术简介： 香榧被誉为"活化石"，是我国特有的珍稀树种。绍兴诸暨市是全国香榧原产地和主产区，拥有1 500多年的香榧栽培历史，被称为"中国香榧之都"。2013年，绍兴会稽山古香榧群先后入选我国首批农业文化遗产、全球重要农业文化遗产。绍兴的先民在2 000多年前，通过人工选择和嫁接培育，成功培育出了香榧的优良品种。通过人工嫁接，现存的古香榧树基部常常留下显著的"牛腿"状嫁接疤痕。这些古香榧树经历了千年时光的洗礼，仍然能够结出丰硕的果实，被誉为古代良种选育和嫁接技术的"活标本"。绍兴的先民巧妙地利用陡坡山地，建造了独特的梯田系统，被称为鱼鳞坑。他们在这些梯田中种植香榧树，并实行了香榧树与林下作物如茶叶、杂粮、蔬菜等的多元种植。这种"香榧树—梯田—林下作物"的复合经营体系，不仅实现了水土保持的功能，还能高效地产出多种农产品。这种独特的复合系统，既兼顾了环境保护，又实现了农业生产的可持续发展。作为一种珍贵的经济树种，香榧树具备持续数百年的结果能力，其果实和树体可用于多种用途，包括食用、药用、油用、材用、观赏和环保等。在会稽山脉一带，香榧树被视为"金果子"，已深深融入当地村民的生活、饮食、医药和民俗等方面，还传承了许多独具特色的香榧文化。绍兴香榧利用千年古树的优势，做"古老"文章，将香榧分级、客户分类，重点打造一批"千年香榧"高端品牌。目前遗产地核心保护区"千年香榧"每千克售价达360元，比普通香榧贵100元左右。2021年，绍兴全市香榧行业总产值达16亿元左右，4

万余户榧农实现户均增收 2 000 元以上。

示范应用： 浙江省绍兴市。

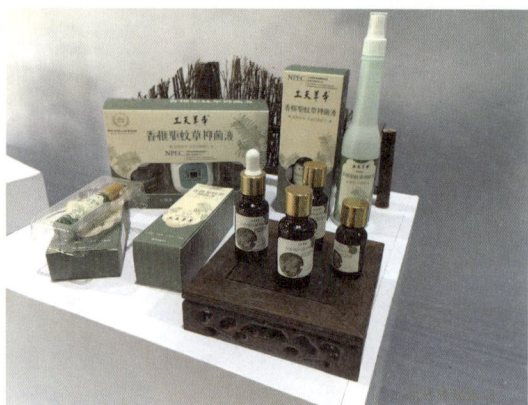

6. 仙居古杨梅群复合种养技术

技术简介： 仙居杨梅栽培最早可追溯到魏晋南北朝时期，至今已有1 600 多年历史。"浙江仙居古杨梅群复合种养系统"是仙居先民千百年的经验创造，也是仙居"遗产地"区别于中国其他古杨梅主产区最显著的特征。该系统是"梅—茶—鸡—蜂"有机结合的复合型山地农业模式：杨梅为茶树提供散射光、保水保肥、阻风抗寒，为仙居鸡提供活动空间和饲料来源；仙居鸡的日常活动则为杨梅除草除害，仙居鸡的粪便及草本植物的腐殖质为系统提供优质肥料；仙居土蜂为系统内蜜源植物授粉，保障生物多样性平衡，并为农民增加产业收入，是人与自然和谐相处的典范。作为"中国杨梅之乡"，据统计仙居杨梅的品牌价值高达23.44亿元，仙居还正在不断做长杨梅产业链，目前已有19家杨梅深加工龙头企业，实现杨梅核提取籽油，杨梅渣提取花青素，杨梅汁制作原汁、酵素、酒类等产品。2020年，仙居杨梅鲜果产值8.5亿元，全产业链产值20亿元，梅农户均增收2.6万元。

示范应用：浙江省仙居县。

7. 云和梯田耕作技术

技术简介：云和梯田是华东地区最大的梯田群，最多处达700余层，海拔落差约1 200米。云和梯田农业系统是中国重要农业文化遗产，距今已有1 000多年历史，素有"千层梯田，千米落差，千年历史"的美称。近千年前，云和畲汉先民修堤筑埂、开垦坡地、引泉入田，巧妙利用贫瘠山地的千米落差，建造千里田畴。放眼云和梯田，田埂棱角分明，梯级层次清晰，如同一部中国农耕文明的立体史册。梯田、云海、竹林、溪流、瀑布、村落等错落交叠，勾勒出天人合一的生态画卷。在这里，人文与自然景观互相交融，创造着极高的美学价值，田园、乡村的经济价值、文化价值、生态价值也得以体现得淋漓尽致。

云和梯田国家湿地公园林地面积1 197.8公顷，湿地面积875.3公顷，湿地率达39.9%，作为千年大地粮仓，是现代坡耕地治理、利用的典范。园区以梯田景观群为主，拥有稻田、沼泽、河流等湿地类型，由梯田、森林、村庄相嵌组成，构成"山、水、林、田、村"和谐共生、稳定的复合生态系统，呈现"森林—梯田—村庄—河流"的垂直特性，构建了青山常在、清水长流、人居和谐、空气常新的良好生态环境；梯田文化与畲族文化、银矿文化、生态文化互相融合、共生共荣，形成了魅力四射的地域文化。云和梯田"湿地保护+生态旅游+生态农业"的模式有效推动了县域经济的快速转型升级，景区内农家乐、民宿、农产品购物店等如雨后春笋般发展起来，直接为村民创造就业岗位超2 000个。其中崇头镇已发展农家乐民宿164家，户均年营业额超20万元；梯田农特产品年销售额超过3 000万元；景区周边农民年人均增收15%以上，突破2万元。云和梯田核心区域及周边有10多个传统古村落。过去几近废弃的空心村、空壳村，因古村落保护与修复，特别是乡村旅游发展而火爆，加快兑现市场价值。乡村价值的重塑，推动着产业转型升级，崇头镇已实现主导产业从一产到三产的转化。稻田养鱼、生态大米、梯田茶叶、梯田甜橘柚、精品贵妃桃和高山香榧等特色产业蓬勃兴盛，全镇村民人均收入比2013年增长了120%。2021年，云和梯田景区实现营收5 343.3万元，同比增长83.2%。

示范应用：浙江省云和县。

8. 宁波古林"蔺草—水稻"轮作技术

技术简介: 古林镇因处于宁绍平原腹地,四季分明,气候温和,日照充分,雨量丰沛,自然条件得天独厚,适宜水稻、蔺草种植与生长,形成了传承千年的具有活态性、复合性、可持续性和多功能性的"一草一稻"农业种植模式。"蔺草—水稻"轮作模式简称"一季蔺草,一季晚稻"。每年6月底至7月初,人们在收割后的蔺草田里播种晚稻;10月下旬至11月上旬,晚稻成熟收割后,开始又一季的蔺草种植,循环往复。每年轮作面积近万亩。这种循环,使种植蔺草后的土壤得到改善,与水稻种植所需营养形成互补。蔺草茬晚稻一般可比常规连作晚稻亩产高出100千克以上,而且种植风险比常规单季稻小。此外,植草使大批冬闲田披上绿装,改善了生态环境。蔺草绿海与稻田风光交替变换,形成一年四季多变的农田景观。可以说,蔺草与水稻的轮作,不但蕴含着自然农法思想和生态价值理念,更充分体现了古代古林人的思想智慧和创造能力,它是民间智慧的结晶。如今,亘古不衰的古林"蔺草—水稻"轮作的传统农耕方式,已演变为古林独特的"草稻文化"。这种"蔺草—水稻"轮作系统充分挖掘了农业产业、田园风光等资源,促进了农旅融合,每年吸引了大量海内外游客慕名前来。截至2022年,古林镇蔺草全产业链价值超过8亿元,拥有各类蔺草加工企业40余家,其中国家级农业龙头企业1家。蔺草产业联系带动农户4万户,提供就业岗位2万多个,年产值规模超过20亿元。其特色产品按照销售渠道可分为内销和出口,除不同规格的草席外,还有草帽、枕头套、草鞋、草垫、草扇、手提袋等品种繁多的蔺草工艺品。

示范应用:浙江省宁波市。

9. 黄岩蜜橘筑墩栽培技术

技术简介: 黄岩蜜橘栽培历史悠久,早在1 700多年前,就有关于黄岩橘子的记载。宋元时期,黄岩的橘林沿着永宁江延伸,直至方山下,呈现了"九曲澄江如练,夹岸橘林似锦"的壮美景象。因在台风季节常遭潮水的侵害,雨季又常遭洪涝灾害,黄岩的先辈们将陆地筑墩栽培和潮汐河道进行巧妙组合，形成了独特低洼沿海盐碱滩涂地的土地利用方式和生态农业循环系统。在漫长的植橘历史长河中，筑墩栽培演化出了起垄栽培、限根栽培等现代柑橘栽培技术或模式，在世界各地柑橘主产区得到推广应用。近年来，黄岩通过建立柑橘合作社、打造黄岩智慧果园一张图信息服务平台，将柑橘产业的生产、加工、销售等环节串联起来，逐步形成产量逐年上涨、流通渠道稳定的良好局面。同时，积极发展农旅结合新模式，打造澄江中华橘源省级旅游风情小镇，年接待游客量突破60万人次。目前，黄岩全区蜜橘种植面积达6.07万亩，年产量6.07万吨，产值3.62亿元。全区共有柑橘种植规模主体170多家。

示范应用：浙江省台州市黄岩区。

10. 开化清水鱼流水养殖技术

技术简介：开化县从明代开始就利用山溪流水在房前屋后、溪边沟旁挖池、挖塘蓄水养鱼，品种以草鱼为主，完全投喂青饲料，这种传统的养鱼方式延续了600多年。后人把这种方式养出的鱼称作"清水鱼"，是一种具有独特风味的水产品。以开化县何田乡为例，当地人创造性地建造流水坑塘，引自燕溪河的一条流动的清流，把所有的鱼塘依山势串成了一条链，房屋的四周也被水渠环绕。除了房前屋后用石头砌成的水塘、由水田挖成一方一方的田塘，更多的是利用现成条件改造而成的鱼塘——屋边的渠道，上下游各用一片竹网阻拦便是一个鱼池；老屋的天井建成的鱼池；新造的房子架空在鱼塘之上。近年来，开化清水鱼养殖已从何田、长虹、中村等主要乡镇，逐步发展至全县范围，涌现出11 000余口清水鱼塘。2021年，开化清水鱼养殖户共有6 200多户，年产值达2.5亿余元。近几年，开化清水鱼身价提升十分显著，塘边价格每千克在50～70元的区间，是普通草鱼的4～6倍，而到了上海、杭州、宁波等地的餐桌，价格甚至达到6～8倍。

示范应用：浙江省开化县。

第 **8** 章

数字智慧技术

1. 杨梅"数字大脑"应用技术

技术简介： 以山地特色果树杨梅为对象，利用农业模型、优化决策、机器视觉等数字化技术，构建以果树剪枝、采收预判、产量预测、生长适宜性为核心的杨梅数字化生产模型体系。该系列模型紧紧围绕产业发展实际需要，实现了杨梅生产信息处理数据化、可视化及资源共享，为农业管理与服务部门、农业企业、梅农等农业主体提供科学、高效、便捷的信息服务和决策参考，并以数据资源优化和模型应用亲民化为着力点，实现模型应用系统架构轻量化、功能智能化、使用简约化，实现杨梅增产20%～30%，作业效率提高50%，促进农户增收3.2万元。

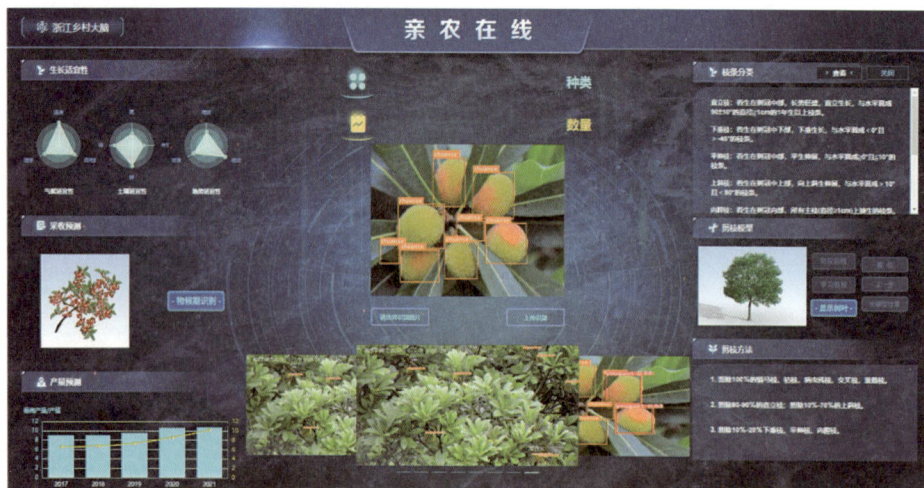

示范应用：该模型应用系统在仙居"亲农在线"、兰溪"梅好生产"等产业大脑上线运行，惠及梅农 3 000 多户，梅园 17 万亩，其中杨梅剪枝模型和采收预判模型被定为重点推广模型，剪枝模型更被纳入浙江乡村大脑能力中心，在全省应用推广。

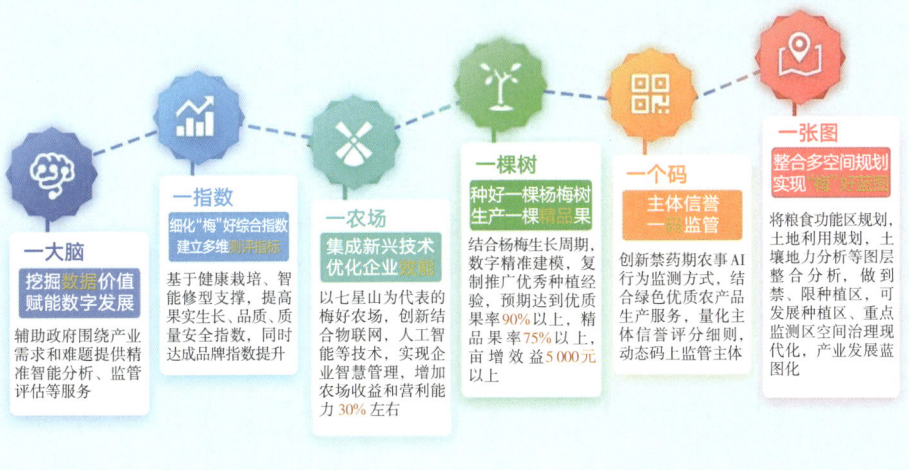

一大脑
挖掘数据价值赋能数字发展

辅助政府围绕产业需求和难题提供精准智能分析、监管评估等服务

一指数
细化"梅"好综合指数建立多维剖析指标

基于健康栽培、智能修复支撑，提高果实生长、品质、质量安全指数，同时达成品牌指数提升

一农场
集成新兴技术优化企业效益

以七星山为代表的梅好农场，创新结合物联网、人工智能等技术，实现企业智慧管理，增加农场收益和营利能力 30% 左右

一棵树
种好一棵杨梅树生产一棵精品果

结合杨梅生长周期，数字精准建模，复制推广优秀种植经验，预期达到优质果率 90% 以上，精品果率 75% 以上，亩增效益 5 000 元以上

一个码
主体信誉一码监管

创新禁药期农事 AI 行为监测方式，结合绿色优质农产品生产服务，量化主体信誉评分细则，动态码上监管主体

一张图
整合多空间规划实现"梅"好蓝图

将粮食功能区规划，土地利用规划，土壤地力分析等图层整合分析，做到禁、限种植区，可发展种植区、重点监测区空间治理现代化，产业发展蓝图化

2. 工厂化食用菌质量安全控制与追溯技术

技术简介: 针对食用菌生产设备分散独立、生产管理多依赖人工经验等问题,该技术围绕工厂化食用菌生产全产业链质量控制和安全追溯数字化需求,基于分布式感知集群技术,构建多供应商、多型号、多通道、多过程的生产设备协同数据采集汇总链路,将原料加工、配料、灭菌、接种、养菌、出菇、销售等生产和经营管理设备纳入链路,组成可追溯闭环,建立工厂化食用菌全链条智能化监测和精准化调控技术体系,实现环境智能管控、生产工艺精准调控、灾害异常预报诊断。该技术可实现年产菌棒3 000万~4 000万棒,增产30%~40%,生产效率提高50%,增效1 000万元。

示范应用: 示范点位于浙江省武义县壶山街道,应用于武义创新食用菌有限公司的上端头基地等。该技术可在浙江省内食用菌产业应用推广。

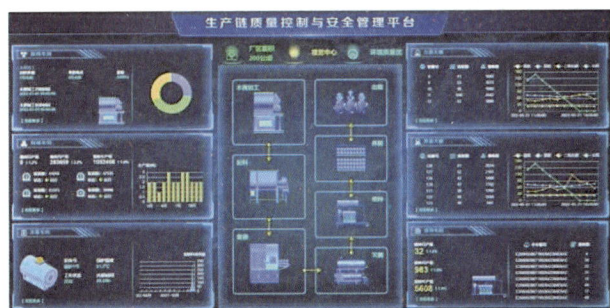

菌棒制作机

灭菌锅炉

菌棒接种机

菌棒套袋机

3. 叶菜智能化管道水培生产技术

技术简介： 该技术以降低叶菜生产劳动强度，提高智能化水平和生产效率为目标，研制开发的叶菜智能化管道水培生产模式。该技术体系通过改良的穴盘育苗技术解决了育苗成本过高和定植后基质根适应性差的问题；通过营养液自动配肥系统以及设施光照、温度、湿度、CO_2、水温等传感器的集成应用，实现了叶菜生长环境数字化实时监控及远程控制；通过营养液循环回收处理，解决了水肥利用率偏低的问题；通过合理的茬口安排，可实现设施内叶菜周年生产。以小白菜、青菜为例，叶菜智能化管道水培生产模式可实现年种植10～12茬，每年亩产量可达4万千克以上，亩产值可达12万元，较传统土壤栽培模式增收300%。该模式智能化水平较高、劳动强度低、复种指数高且不存在土壤连作障碍隐患，对于提高土地利用率以及蔬菜供应能力具有重要意义。

示范应用：示范点为浙江省桐乡市凤鸣街道、武义县履坦镇，示范应用面积15 000平方米。该技术可在全省设施大棚内推广应用。

4. 省市县三级贯通的智慧施肥技术

技术简介：为贯彻浙江省"肥药两制"政策，推广落实测土配方和科学施肥技术，浙江省农科院开发集成了"浙样施"智慧施肥平台，实现省、市、县三级土肥部门贯通，面向全省土肥管理人员和种植业一线用户，通过微信大平台带动施肥咨询小平台全面普及应用。通过发布省、市、县三级土肥资讯、基于田畈级土壤养分属性及区域性种植习惯差异，提供因土制宜的多作物科学施肥技术，带动实现化肥减量、粮食增产、生态增效的预期目标。通过推广配方施肥等科学施肥技术，在稳产甚至少量增产的前提下，化肥使用量节省5%～10%，社会、经济、生态效益显著。

示范应用：通过近2年的实施推广，"浙样施"智慧施肥平台已实现全省85个涉农县市区全覆盖。

5. 宁海珍鲜共富博士工作站服务技术

技术简介：该技术围绕农产品区域公共品牌促进增收共富的目标，构建以宁海珍鲜农产品种养溯源和提质增效为内容的共富助力工作站平台，通过平台应用、品种引进、技术推广等博士团智力支撑服务，为宁海珍鲜农产品提供品质管控、可视化溯源和品质提升的数字赋能服务，从源头保障宁海珍鲜农产品原产地品牌高效发展，提升品牌形象和附加值，促进宁海珍鲜品牌用户持续稳定创收致富。宁海珍鲜共富博士工作站平台通过数字赋能品质管控，直接助力宁海珍鲜农产品增加销售附加值3%～4%，2021年增加宁海珍鲜农产品经济收入约300万～400万元。

示范应用：宁海珍鲜共富博士工作站平台重点示范的农产品覆盖茶叶、水蜜桃、白枇杷和对虾等，点对点服务面积达1 500亩，全品牌辐射应用达20 000亩。该平台共富模式可在省内其他农产品区域公共品牌上赋能应用。

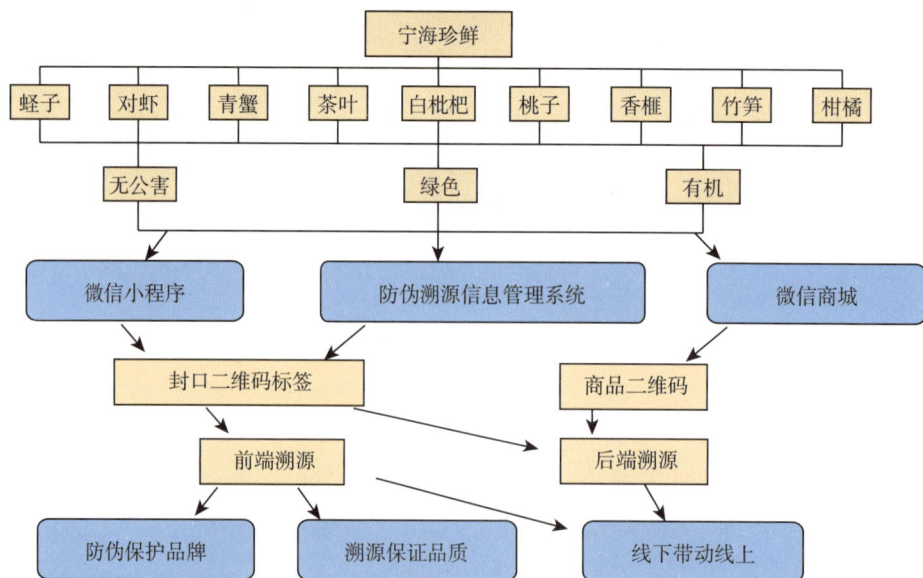

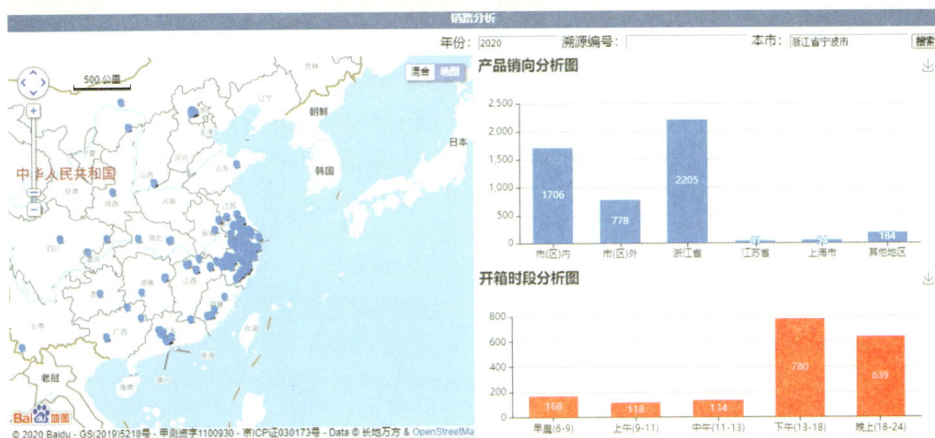

6. 农产品区域公用品牌推广与防伪溯源技术

技术简介：农产品区域公用品牌是地方政府整合农业产业资源倾力打造的农业名片。为了切实保护品牌形象，提高农业综合竞争力，浙江省农业科学院数字农业研究所秉持丰富的农产品品牌信息化管理经验，研发了基于前后端信息溯源的品牌推广与防伪溯源信息技术。该技术可有效助力公用品牌标准化管理、信息化营销，健全公用品牌保护监管与市场推广机制，提升品牌农产品经济效益5%～10%，实现优势优质、优质优价。

示范应用："奉化水蜜桃"防伪与溯源平台通过对水蜜桃品牌的授权使用、贴牌防伪、质量追溯和市场销售大数据管理，形成了品牌主体管理、果园农事记录、品牌防伪保护、溯源直销下单、销路跟踪分析等覆盖全产业链的信息服务体系，投放的50多万张"一箱一码"二维码标签，平均助力水蜜桃销售价格提升3%～5%。目前，宁波市半数以上地理标志产品都贴上了防伪溯源码。

7. 绿色生产数字化技术

技术简介：依托土壤—植物信息与种养设施环境特征感知技术及装备，动态实时采集多源信息，建立台州市黄岩区绿色生产环境本底与生产技术数据中心，综合集成数字化应用平台，包括黄岩绿色发展长期固定观测站平台、绿色生产数字化应用系统、温室/大棚设施智能管控系统、水产养殖水质在线监测和视频监控可视化系统、柑橘病虫害智能监测预警系统以及妊娠母猪精准饲喂系统等，既承担国家观测试验任务，又服务当地农业绿色发展。通过构建设施环控、水质监测、化肥绿色数字化推荐系统和病虫害绿色防控监测信息系统等，有效降低劳动强度，减少人工成本，有效提高农产品品质和生产效率，改善和提升农业生产数字化管理水平。

示范应用：浙江省台州市黄岩区院桥镇、平田乡、北洋镇、富山乡、头陀镇和浙江省柑橘所科研基地等。

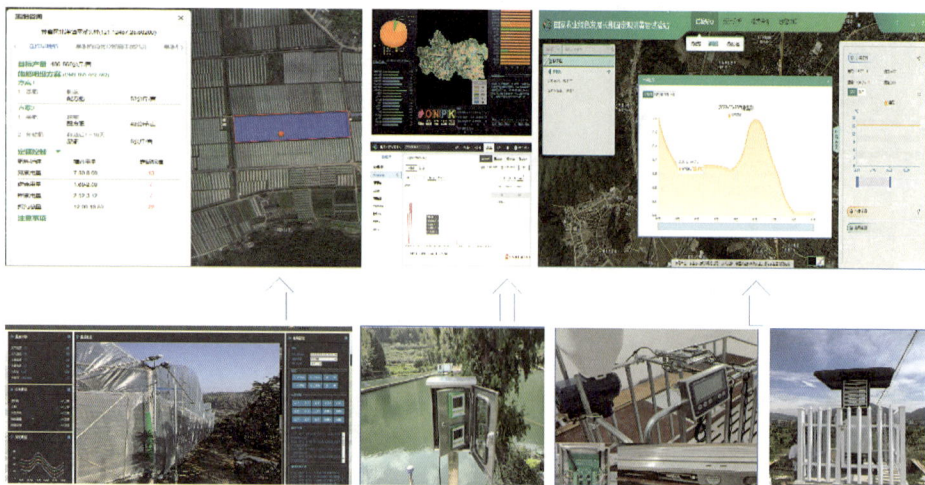

8. 长期固定观测实验站建设技术

技术简介： 按照农业农村部《全国农业科技创新能力条件建设规划（2016—2020年）》《国家农业科学观测工作管理办法（试行）》等文件精神，建立水稻、柑橘、茭白、畜禽长期、固定观测试验站，依托土壤—植物信息与种养设施环境特征感知技术及装备（物联网、监测系统等），动态实时采集农田大气、水体、作物、土壤以及畜禽养殖过程、绿色生产管理过程中的各类多源信息，为区域农牧业绿色可持续发展提供科学依据。畜禽观测实验站完成了2个牧场观测点位的传感器布置，购置了21台（套）观测、留样等设备，开展了149个样本采集和测定，获得了观测数据912个（猪场618个、鸡场294个）。土壤质量监测实验站完成了3个定位区（长期固定监测区和自动监测区）基础设施建设，完成了自动监测设备以及柑橘水肥一体智能灌溉系统安装与调试，茭白、柑橘、水稻已先后开展长期、系统定点观测。

示范应用： 浙江省台州市黄岩区南城街道、澄江街道、头陀镇、院桥镇等。

▲ 长期定位监测站点

黄岩区农业绿色发展先行先试长期定位监测站点分布示意图

鸡粪风干车间 11C7663E7661

检测参数	当前值	更新时间	历史查询	更多	修改
温度 数据点ID:11C7663E76611	14.7 ℃	2022-03-18 10:43:06		···	
湿度 数据点ID:11C7663E76612	85.9 %RH	2022-03-18 10:43:06		···	
氨气 数据点ID:11C7663E76613	2.4 ppm	2022-03-18 10:43:06		···	
硫化氢 数据点ID:11C7663E76614	0 ppm	2022-03-18 10:43:06		···	
臭氧 数据点ID:11C7663E76615	0 ug/m3	2022-03-18 10:43:06		···	
信号强度 数据点ID:11C7663E76616	20 RSSI	2022-03-18 10:43:06		···	
错误码 数据点ID:11C7663E76617	188	2022-03-18 10:43:06		···	
版本号 数据点ID:11C7663E76618	2 Version	2022-03-18 10:43:06		···	

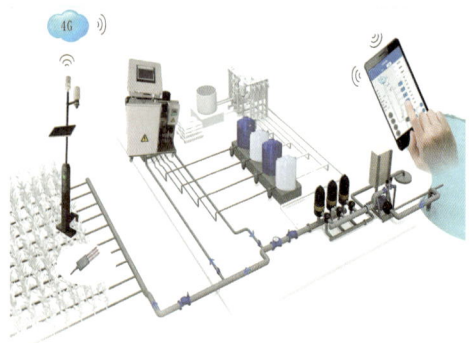

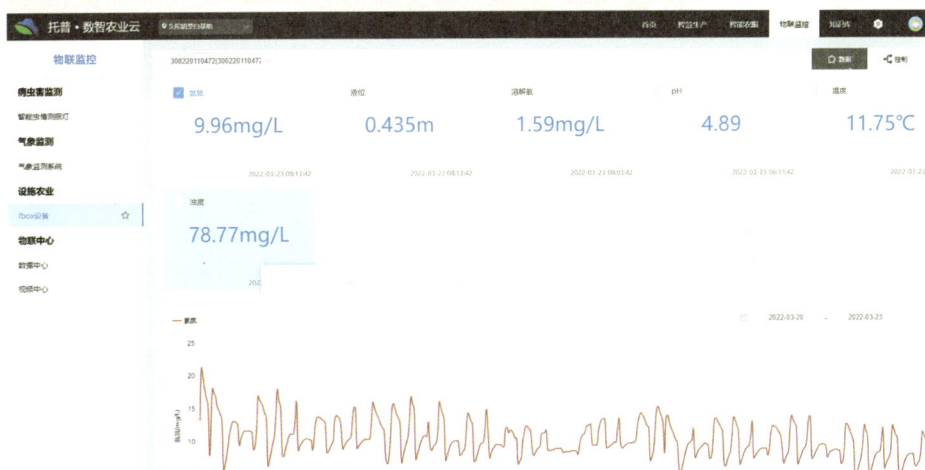

9. 黄岩绿色生产数字化应用系统集成技术

技术简介：以茭白、柑橘、水稻和畜禽、水产养殖为绿色生产数字化技术应用载体，动态实时采集农田生产环境，以及畜禽、水产生产环境、气象条件、生产过程等绿色生产管理中的各类多源信息，建立基础数据中心。实现产业绿色生产过程的数字化管理、化肥农药精准施用智能化决策指导、病虫害预测预警、农田环境质量时空变化分析、畜牧水产养殖环境监控与智能调控等。通过构建黄岩绿色生产土壤耕地本底数据中心、化肥绿色数字化推荐系统和病虫害绿色防控监测信息系统等，集成绿色生产数字化一张图，通过数据集成管理、施肥推荐等方面的应用，改善和提升农业生产数字化管理水平。

示范应用：台州市黄岩区全境农田土壤，院桥镇水稻、茭白基地，苏楼杨梅、平田枇杷和柑橘基地等。

10. "渔省心"海洋经济数智治理技术

技术简介: "渔省心"海洋经济数智治理技术从渔船污染物智治出发，融合运用"智能装备＋大数据＋区块链"，首创渔业数字信用评价体系，向渔民提供船舶污染物处理、安全生产、渔民融资贷款、培训教育等服务。

该应用场景依托数字化手段，突出政府引导、市场驱动模式，以渔船污染物智治为小切口，构建渔业数字信用评价体系，以管定服，以服促管，实现了"两升四降"，即渔船渔民生态环保理念、市民对渔产品安全品质满意率明显提升；渔民融资成本、渔民采购成本、治污成本、安全投入资金降低。

（1）明确任务。遵循"V"字工作法，拆解出一级任务5个、二级任务13个、三级任务30个，明确19项量化指标。协同生态环境、海事等10多个部门，联通船港通、海渔通、海洋云仓等近10个系统，形成综合集成可视化界面。

（2）系统架构。迭代升级已建成的海洋云仓、船港通、渔夫贷、台渔链等场景应用，打造"一仓一网六场景N模块"的"渔省心"场景应用基本架构。其中"六个渔"核心场景分别是生态育渔、平安护渔、金融助渔、市场兴渔、政策惠渔和公益扶渔，实现船舶污染物产生、收集、运输、仓储、处置闭环管理。

（3）数据使用。横向实现农田水利、生态环境、经济信息、交通运输、海事等14个涉渔部门数据联动，纵向实现浙江省一体化公共数据平台、一体化数据资源系统、台州市公共数据平台三级数据贯通，充分利用省回流数据共享机制和市级部门调用机制，保障项目数据跨层级支撑到位，并落实等级保护，通过区块链溯源技术保障数据安全。此外，运用了反欺诈算法模型、无接触智能算法等先进算法技术。

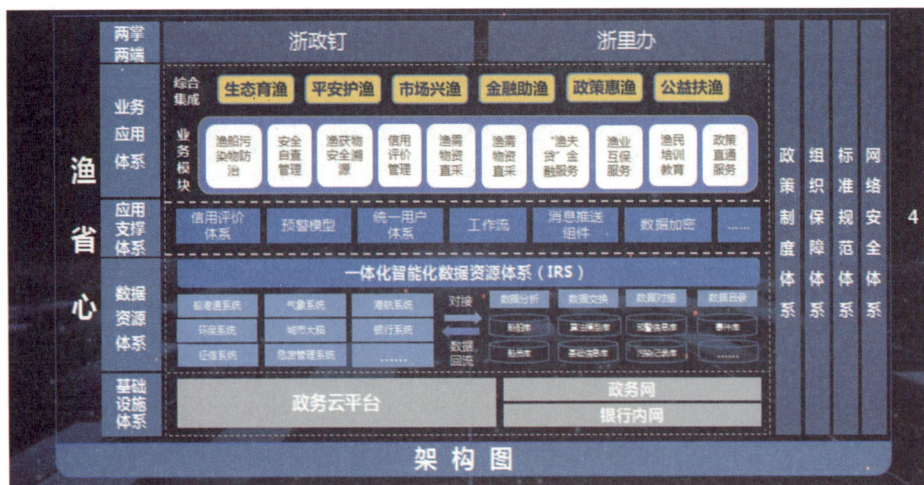

架构图

截至 2022 年，"渔省心"累计收集船舶污染物 8 215 艘次，回收处理海域污染物 3 356.5 吨，回收处置率达到 100%，治污效率提升 50% 以上。"渔省心"入选 2022 年国家社科基金重大项目案例集，荣获浙江省农业农村数字化改革第一批"优秀应用"奖。

示范应用：浙江省台州市椒江区。

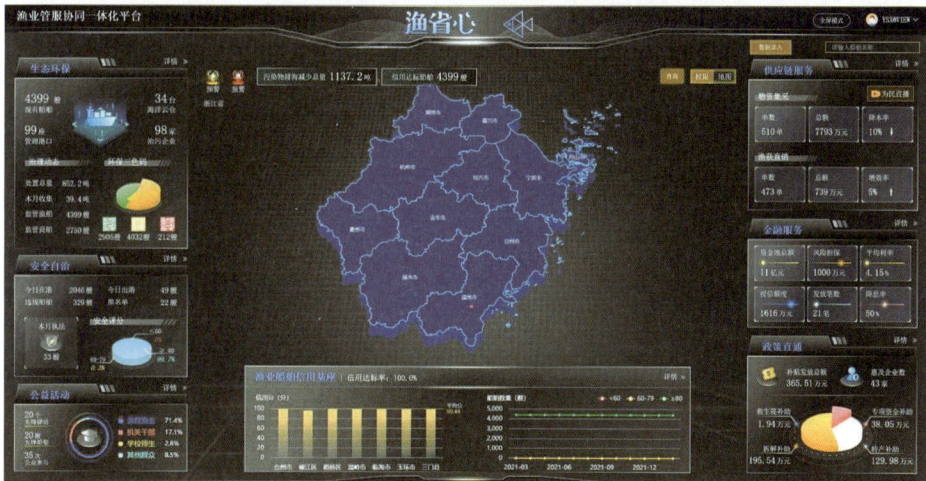

第 9 章

资源利用技术

1. 稻茬麦田稻秸沟腐还田技术

技术简介： 在我国长江中下游稻麦轮作区域，随着水稻产量的逐年提高，还田稻秸量与日俱增，传统稻秸还田方式不利于后茬小麦播种和出苗，且增加小麦赤霉病流行风险。鉴于此，结合南方稻茬麦种植特点，浙江省农科院推出了稻秸沟腐还田技术。即在稻麦茬口，利用小型秸秆打捆机将散落田面的水稻秸秆集中后喷洒高效腐解菌剂，铺在小麦田沟里。该技术可有效解决稻茬麦田秸秆还田难的问题，促进秸秆快腐，提高小麦播种质量，实现小麦稳定增产10%，化肥用量减少10%～20%，氮肥利用率提高10%以上，亩种植成本减少100元以上。

示范应用： 该技术已在浙江省嘉兴市南湖区、平湖市、宁海县等地建立了试验示范基地，适用于长江中下游稻麦轮作区域。

2. "油、菜、花"多功能利用全产业链技术

技术简介：油菜是我国第一大油料作物，国产菜籽油占国产油料作物产油量的 55% 以上，发展油菜生产对维护国家食用油供给安全具有重要的战略意义。油菜除油用外，还兼有菜用、花用、肥用、蜜用等多种功能，可实现一菜多用。浙江省农科院以自主研发的彩色油菜为材料，根据浙江省各区域土壤和地貌环境，开展农旅结合的"油、菜、花"多功能利用全产业链技术研究，建立标准化种植、加工技术体系，开展全产业链示范。油菜薹口感鲜美，营养价值高，通过开发油菜多功能应用，提高油菜种植效益，为油菜产业的发展拓宽了道路。菜薹采收基本不影响菜籽产量，在兼顾油用的同时增加了优质蔬菜的供应，每亩菜薹产值可达 5 000 元，全省菜薹利用面积 5 000 亩，新增产值 2 500 万元。菜薹还适宜鲜食或加工成脱水蔬菜、速冻蔬菜、鲜食菜薹、菜蕻干、梅干菜等产品，具有良好产业发展前景。另外，紫色、粉色、橘红、桃红、橘黄、土黄、白色和紫叶等七彩油菜花品种的创意应用也能促进当地农旅融合，为促进美丽乡村建设提供了抓手。

示范应用：近年来，已在浙江省湖州、开化、仙居、嵊州、台州、丽水等地开展油菜创意应用。

3. 茶园废弃物生态高效处置及高值化循环利用技术

技术简介：针对茶园废弃物处置技术工艺落后，处置效率低下，劳动力成本高，产品质量差，难以满足大规模茶园废弃物处置的问题，浙江省农科院研制了针对茶树枝条好氧堆肥发酵的功能菌剂，引进了先进适用的茶枝条粉碎筛分机、智能翻混机等现代装备，优化了有机肥生产工艺，大大提升了企业的生产效率，降低了企业的劳动力成本，实现了废弃物的资源化循环利用，提升了农林废弃物的利用价值，促进了茶产业健康可持续发展。

示范应用：2021年松阳县年处置各类茶产业废弃物4万吨以上，生产有机肥1.5万吨以上，产值近1 000万元。植物源有机肥推广每亩新增经济效益可达800元以上，拓展了绿色技术应用场景。

4. 新（复）垦红黄壤耕地质量快速提升技术

技术简介： 浙江耕地资源紧缺，人均仅0.3亩。红黄壤在全省土壤中占比达50%以上，主要分布在浙中和浙西南丘陵山区，也是省内26个欠发达县主要分布地区，土地整体质量较差，生产效能偏低，农民种植粮食作物的积极性不高，是全省共同富裕示范区建设的重点发力区。浙江省农科院应用腐殖酸类肥料、生物有机肥以及适量化肥等产品结合绿肥种植，创新提出以土壤有机质稳定提升和养分平衡供给为核心的耕地培肥技术，对新（复）垦贫瘠红黄壤农田进行快速肥力培育和生产能力提升。该技术已在衢州市衢江区和浦江县等地示范应用，1年内有机质含量从不到1%提升到2.5%以上，同时作物产量达到中高产水平，可为全省甚至全国耕地后备资源的高水平、高质量利用，真正实现"耕地数量和质量占补双平衡"提供技术支撑。

示范应用： 在衢州市衢江区和浦江县等地示范应用。

5. 秸秆饲料资源化利用技术

技术简介: 浙江省农作物秸秆资源非常丰富,其中秸秆肥料化利用占比达60%以上。但由于秸秆量过大,全量还田往往不利于下茬作物播种和生长,饲料化利用比例和用量尚有很大提升空间。浙江省农科院根据草食家畜不同生理阶段营养需要和采食量,优化秸秆日粮配方,最大化秸秆使用比例,最大化养殖效益,提出多种不同秸秆典型配方,指导养殖户饲喂利用。特别是宁波宁兴涌优饲料有限公司将"秸秆饲料资源化利用技术"进行再提升,与后备奶牛、湖羊秸秆全混合日粮技术进行有机结合,研发生产TMF、FMR、FFR等系列发酵饲料,并在规模场户示范推广。目前该公司年产饲料5万吨,秸秆使用比例占30%以上。秸秆饲料资源化利用技

术工艺先进、成效显著、前景广阔，对推动农业绿色发展，实现秸秆饲料化高效利用具有积极的推动作用。

示范应用：在宁波宁兴涌优饲料有限公司示范应用，该技术可在全省推广使用。

6. 养殖废弃物处理与资源化利用技术

技术简介：研制畜禽粪快速堆肥中高温发酵菌剂和设备，熟化畜禽粪中高温快速堆肥工艺，利用相关菌剂、设备和工艺，建立猪粪与秸秆快速发酵示范基地；利用高效预处理—双膜浓缩工艺，建立猪场污水深度处理及臭气治理示范基地，实现猪场污水的达标排放和资源化利用；通过臭氧除臭杀菌系统和低温等离子体净化设备的示范应用，有效控制猪场舍内氨气、硫化氢和挥发性有机化合物（VOC）等臭气。通过底层水增氧、过滤、紫外杀菌、生态处理等技术的综合应用，建立水产养殖尾水处理示范基地，对养殖尾水进行综合整治，确保水产养殖尾水达标排放。

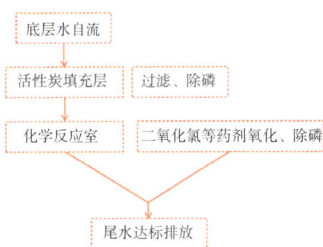

示范应用：浙江省台州市黄岩区南城街道、北洋镇、富山乡等。

猪场粪污处理示范基地	猪场污水膜浓缩处理设备	猪场污水膜处理出水效果
水产养殖尾水处理示范基地	水产养殖污水处理技术与工艺	水产养殖污水处理增氧设备

107

7. 茭白和甘蔗等废弃物覆盖还田技术

技术简介：针对浙江省台州市黄岩区优势农作物茭白、甘蔗产生的农业废弃物缺乏科学循环利用技术，造成资源浪费的同时，引起环境污染等问题，利用茭白秸秆进行果园覆盖，可以解决大量秸秆集中产生的处置难题。将茭白叶和甘蔗渣在柑橘等果园进行冬季和夏季覆盖，覆盖厚度4～7厘米，每亩覆盖1 000千克以上，冬季防寒、夏季降温保水，提高土壤缓冲能力，改善土壤肥力，提高柑橘抗逆能力，减轻果实膨大期裂果。项目实施期间开展多点技术验证和示范，冬季覆盖农作物废弃物对地表的增温幅度达5%～7%，夏季覆盖对地表的降温幅度达7%～13%，具有明显的保水功能，防止土壤含水量急剧变化，果实裂果率减轻10%左右，连续多年覆盖还田后，果园土壤有机质含量增加4%。

示范应用：浙江省台州市黄岩区北洋镇、头陀镇柑橘和猕猴桃种植基地。

8. 菌菇生产废弃物无害化处置及综合利用技术

技术简介：从菇渣废弃物中分离筛选出高活性发酵菌株草酸青霉F12，优化了菌菇渣无害化处置技术及工艺，菌菇渣有害微生物去除率达90%以上。以无害化处置后的菌菇渣为主要原料研制出5种蔬菜育苗基质及苗木栽培基质配方，平均草炭替代率达50%；开发出以菌菇渣为原料的多种作物专用肥料等系列产品；创新筛选出一株高抗番茄青枯病的荧光假单胞菌，开发出以菌菇渣为主要载体的生防育苗基质。在示范的基础上，凝练提出了"菌菇生产废渣—有机肥—作物、菌菇生产废渣—基质—果蔬"循环利用模式。

示范应用：在浙江省江山市、庆元县和嘉善县分别建立了白菇、香菇和蘑菇废弃物无害化处置与循环利用示范基地，可在全省推广使用。

9. 畜禽粪超高温快速堆肥技术

技术简介：针对畜禽粪等农业废弃物常规堆肥时间长、腐熟慢、臭味大、养分损失率高等问题，利用分离筛选的嗜热微生物制备成微生物菌剂，研发了密闭式二步超高温堆肥发酵装置，进行快速超高温堆肥发酵，加速了堆肥发酵腐熟速度，减少了堆肥过程中废气的释放和养分的流失，改善了畜禽粪等废弃物堆肥对环境的影响，有利于养殖区疫病的防控。经超高温堆肥后的畜禽粪可以作为有机肥还田，替代化肥，减少化肥用量，提高土壤有机质，改善土壤质量。技术示范应用结果显示，堆肥发酵时间比常规堆肥减少50%，腐熟度提高20%以上，为畜禽粪等农业废弃物的处置提供了环境友好型解决方案。

示范应用：浙江省台州、杭州、金华等农业废弃物处置点。

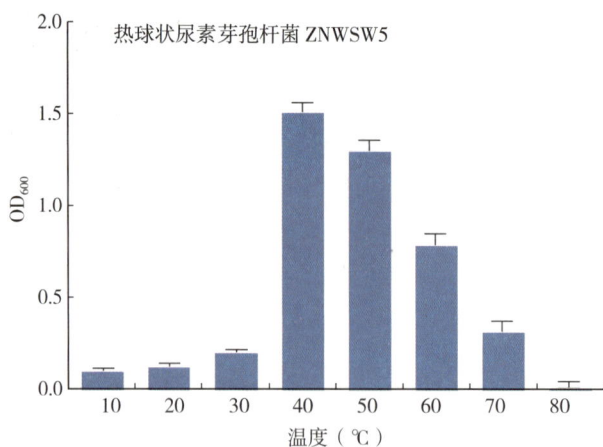

热球状尿素芽孢杆菌 ZNWSW5

（图：纵坐标 OD_{600}，横坐标 温度（℃），10、20、30、40、50、60、70、80）

10. 厨余垃圾蝇蛆生物转化技术

技术简介： 餐饮业的发展在满足居民生活需求的同时，也产生了大量的厨余垃圾。厨余垃圾中的油脂和食物残渣如果处置不当或得不到及时处理，不仅影响餐桌上的安全，而且一旦流入生态系统，也会给当地生态环境带来巨大的压力。厨余垃圾蝇蛆生物转化技术即通过人工种蝇养殖获得蝇卵，蝇卵孵化后获得蝇蛆幼虫，将蝇蛆幼虫接种于经分拣粉碎及油水分离等预处理后的厨余垃圾中，利用蝇蛆对厨余垃圾进行快速生物转化，将厨余垃圾中的蛋白质、油脂、淀粉、糖类等营养物质转化为昆虫蛋白，在获得昆虫蛋白的同时降低厨余垃圾的含水率，促进厨余垃圾发酵，而残余物进一步堆肥可用于高品质有机肥生产。蝇蛆在5～7天内体重能增长数十倍至数百倍，并把其中的碳、氮等养分迅速转化合成为蝇蛆蛋白等。一般厨余垃圾的蝇蛆转化率可达到20%左右，即1吨的厨余垃圾能够获得200千克的新鲜蝇蛆。在蝇蛆迅速生长的同时，快速吸收利用物料水分，大大减少了物料的含水量，使含水率从80%左右快速下降至50%左右，同时使其形成颗粒状，增加孔隙度，满足堆肥发酵中好氧微生物增殖的通气性环境条件，促进堆肥升温发酵，免去厨余垃圾常规堆肥调节含水率所需辅料的添加，缩短了堆肥周期，降低了厨余垃圾处理成本，提高了有机肥质量。相关示范基地实现日处理厨余垃圾200吨，生产蝇蛆蛋白10吨、有机肥原料20吨，为浙江省及沿海地区水产养殖提供了优质的鱼粉替代蛋白资源，并实现了厨余垃圾的减量化和高值资源化循环利用，为解决城市垃圾围城困境、保障餐桌上的食品安全提供了新的解决办法，为保护生态环境做出了贡献。

示范应用： 在浙江桐乡和余姚等地建立了厨余垃圾生物转化示范基地，可在全国推广应用。

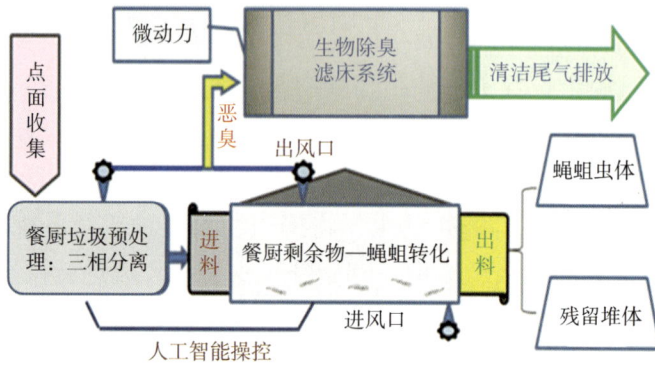

第 10 章

设施装备技术

1. 轻便自走式大宗茶采摘修剪一体机

技术简介： 轻便自走式大宗茶采摘修剪一体机采用履带高地隙底盘，田间转弯、换行灵活，能较好地适用于平原以及丘陵缓坡、垄沟窄行等非标准茶园环境；采用轻简化液压驱动和模块化设计，结构简单，横跨采摘修剪机具，侧挂修边机具，行走与采摘修剪作业采用独立动力源，不同作业机具能快速换装，实现一机多用；采用长宽幅平刀切割刀片，解决了弧形宽幅刀片长时间使用磨损或折断的问题，实现了跨垄一次性采摘作业，显著提高了作业效率。该设备操作方便、性能稳定，单人即可完成茶叶采摘修剪工作，有效解决了现有手抬式茶叶采摘机人工成本高、采摘效率低的问题。测试结果表明，茶叶完整率达81.09%，可制茶率达93.73%，茶叶损失率仅为0.82%，漏采率为0.77%，各项采摘性能指标均在标准范围内，较好地满足了使用要求。该装备研发实现了乘坐式茶叶采收机的国产化替代，补齐了丘陵茶园采收修剪环节机械化短板。通过机械化采收修剪作业，保守估计可提高效率3～5倍，平均每天每亩节省劳动力5人，按目前浙江省农村劳动力雇佣价格计

算，平均每亩节省人工作业成本1 000～2 000元。该机具产业化后售价预计是同类进口设备的1/3左右，且适应性更强，农民买得起。

示范应用：在绍兴御茶村茶叶生产基地进行示范应用，该基地茶园面积5 000余亩。可在浙江省丘陵缓坡茶园进行示范推广，市场化前景广阔。

采摘前

采摘后

2. 绿叶蔬菜工厂化漂浮水培栽培关键技术

技术简介：该技术具有节本、高效、高产的特点。首先，种植池设计方面打破了传统使用的水泥水池，利用高密度防渗膜（HDPE）代替水泥将施工成本降低90%；其次，打破了常用的平面漂浮板，设计成种植部位凸出的漂浮板，从而增加根部与空气接触的空间，绿叶蔬菜产量提高约12%；再次，营养液的补充、过滤、消毒、循环等实现智能化管理，既节省劳动力，又能提高效率；最后，土壤利用率提高30%以上，实现周年生产，育苗与种植分区模式下一年种植10茬，全年小白菜亩产量达到1.5万千克。

示范应用： 在浙江一里谷农业科技有限公司示范应用。可在全国蔬菜种植基地推广。

3. 猪场废水膜分离减量资源化利用技术

技术简介： 针对规模猪场废水及其沼液处理与利用中的难题，浙江省农科院牧医所自主研发的高效预处理—双膜浓缩减量资源化技术与装备，出水水质稳定达标，运行成本适中，并且从废水中浓缩出富含有机质、氮磷钾等营养物质的有机液肥，在保障出水稳定达标排放和回用的同时，实现了资源的回收利用和变废为宝。猪场废水经处理后无色透明，达到国家畜禽养殖业污染物排放标准和农田灌溉水质标准。该装备日处理猪场废水能力达30立方米，产生10%的浓缩营养液，可直接作为液肥用于牧

场周边蔬菜大棚和果园进行水肥一体化利用；另外90%的出水经生态池塘进一步净化后可用作猪场内景观绿化用水，也可直接用于农田灌溉。

示范应用： 浙江省台州市黄岩区能信生猪养殖场。

4. 柑橘罐头加工自动化装备产业化技术

技术简介： 柑橘罐头加工是我国传统优势产业，年产量达到50万吨，占全球80%以上。传统柑橘罐头加工的剥皮、分瓣、产品缺陷检测等工序都采用人工处理，劳动强度大，工作时间长且环境潮湿，招工难成为制约整个行业发展的瓶颈。浙江省农科院应用机器视觉、运动控制、人工智能结合传统机械设计研究开发的柑橘自动剥皮、分瓣、缺陷检测等系列装备，改进生产工艺，规模化应用于生产，大量减少柑橘罐头产业对人工的需求，助力产业实现转型升级。柑橘罐头加工自动化装备应用可减少企业相关工序70%以上的人工，单个工厂每个产季可节约人工成本上千万元。

示范应用： 浙江台州一罐食品有限公司，应用该自动化装备一个产季可实现产能30 000吨。该装备和生产工艺可在全国柑橘加工企业推广。

5. 大闸蟹智能分选捆扎一体机

技术简介： 浙江省农科院在现有河蟹捆扎机的基础上，创新集成机器视觉、AI算法、图谱感知等先进技术，成功研发出低成本、高效能的大闸蟹智能分选捆扎一体机。该装备融合多源信息，分析大闸蟹外观与生化组分对品质的影响，建立了实时、精准的综合品质在线检测算法；同时模拟人工捆蟹方式，运用光学传感与重量传感技术，设计智能化分级捆扎流程，构建基于多源信息融合的品质分级模型，实现了河蟹各项指标的无损快速检测与智能分级。该装备可提高大闸蟹分选效率50%以上，提高分选精度20%，降低大闸蟹分选人工成本约50%以上。该技术进一步提升了大闸蟹分级、加工等环节的精度和效率，对提升产品附加值、增加农民收入具有重要意义。

示范应用：浙江省湖州市。

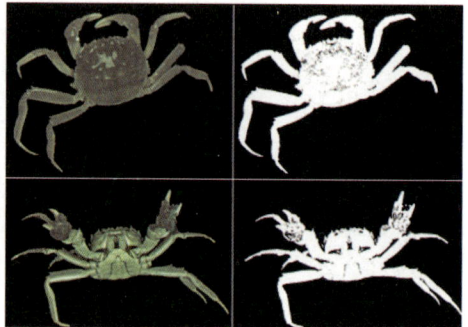

6. 设施精准植保作业机器人

技术简介：设施作物种植因温室内空间封闭、高温高湿、天敌数量较少，相对露天种植更容易受到病菌、害虫、杂草的侵害，并且温室大棚内部土地利用率高、种植密度大、垄间通过性差、操作空间受限，现有露地行走作业的大型植保机械难以在温室中使用。为解决当前设施内植保作业无机可用的现状，降低人工作业劳动强度，提高机械化水平，浙江省农科院农业装备研究所特色产业装备学科团队成功研制了一款原创产品——设施精准植保作业机器人。机器人可自动前进后退、左右转向及喷洒药液，适用于设施垄作模式下的作业环境，可满足大棚蔬菜、草莓、花卉等作物的植保需求。针对大部分病虫害都长在叶面背部的特点，学科团队创新性地设计了一种探入式喷杆结构，使药液能精准喷洒到叶片背面，实现病虫害精准防治；同时，喷杆装置具有自动折叠和升降功能，提高了机器在进出大棚过程中的便捷性，满足不同作物、不同生长阶段的植保作业高度需求。其行走底盘采用四轮独立电机驱动，能适应不同作业环境的行走要求，可用家用电充电。操控采用遥控模式，实现单人控制，一次行走即可完成一个标准大棚的喷药作业，作业效率是人工作业的8～10倍。该机器人智能化程度高，操作简单方便，作业效率高，使用成本低，绿色无污染，大大减少了温室内植保作业工时，减轻了人工劳动强度，为设施农业生产节约劳动力、降本增效提供了技术和装备支撑。

示范应用：在浙江海丰花卉有限公司菊花生产基地得到应用，取得了较好效果。适用于设施垄作模式下的作业环境，可满足大棚蔬菜、草莓、花卉等作物的植保需求。

7. 甘薯大垄稀植机械化轻简技术

技术简介：浙江省丘陵山地土壤黏重、甘薯栽培机械化程度低、劳动力成本高，制约了甘薯产业效益的提升。针对浙江省土壤特点和甘薯产业需求，浙江省农科院研发了甘薯大垄稀植机械化轻简技术。浙薯13等长蔓型品种，宜大垄单行稀植，株距30～40厘米，亩栽1 600～2 200株，比常规密度低三分之一左右，扦插时采用25～30厘米健壮薯苗，采用直插法，入土节位3～4个。心香、浙薯33等短蔓品种，宜大垄双行稀植，株距30～40厘米，双行交叉种植，亩栽3 200～4 400株，较常规小番薯密度低四分之一，扦插时选用40厘米左右薯苗，入土10～15厘米，确保入土节位在5～7个或更多。易旱山地采用"船底"形、"U"形扦插法，入土部分"U"形弯曲直插入土；平原水分充足的田块可采用水平扦插法。该技术既适合加工型大甘薯，又适合鲜食型小番薯，可大幅度降低劳动力成本。

示范应用：已在浙江省衢州、诸暨等地示范，成效显著。

8. 设施柑橘轻简高效栽培技术

技术简介：针对浙江省柑橘生产中品种结构不合理，栽培管理措施繁杂，用工费时，水肥管理随意性大等问题，引进了"红美人"等一系列优新品种，进行设施避雨高品质栽培，集成示范大枝修剪、优化树形、控梢疏花，引入小型机械、设施改良等轻简化栽培技术，根据柑橘营养需求规律进行精准定量配方施肥，提高了工作效率，节约了生产成本，增产提质效果明显。

示范应用： 在浙江省台州市黄岩柑橘产区开展多点技术验证和示范，优质果率提高20%，产量提高15%，节本增效达30%。

9. 设施温室 / 大棚智能管控技术装备

技术简介： 采用农业物联网、农业生产模型、自动化控制等智能化技术，通过远程智控终端对大棚内的卷膜、风机、补光灯、水肥设备等进行智能化远程控制，对大棚内小气候进行科学化、精准化的调节，达到根据

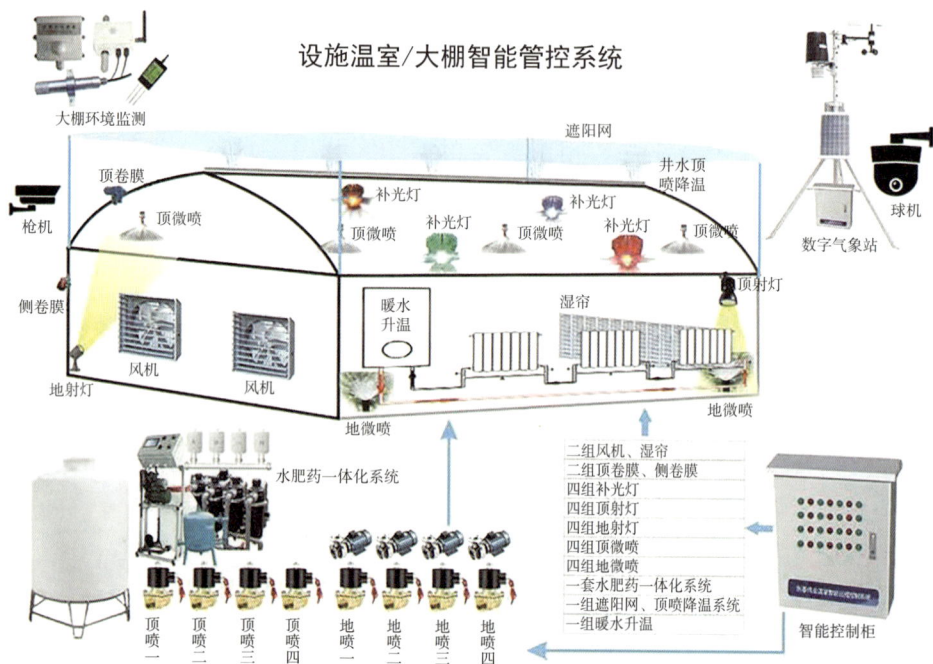

设施温室/大棚智能管控系统

大棚环境监测

遮阳网

顶卷膜

补光灯

补光灯

井水顶
喷降温

枪机

顶微喷

顶微喷

补光灯

顶微喷

补光灯

顶微喷

数字气象站

球机

侧卷膜

暖水
升温

湿帘

顶射灯

地射灯

风机

风机

地微喷

地微喷

水肥药一体化系统

顶喷一

顶喷二

顶喷三

顶喷四

地喷一

地喷二

地喷三

地喷四

二组风机、湿帘
二组顶卷膜、侧卷膜
四组补光灯
四组顶射灯
四组地射灯
四组顶微喷
四组地微喷
一套水肥药一体化系统
一组遮阳网、顶喷降温系统
一组暖水升温

智能控制柜

生产需要启动卷膜、水肥灌溉、辅助光源开闭、突发状况预警、无人监管自动处理的目的，对设施农业实现全天候的远程监管和处理，为作物生长发育提供最适宜的生态环境。该技术装备系统能有效降低劳动强度，减少人工成本，提升工作效率，提高产品品质，实现设施作物的集约化、机械化、智能化高效种植，保障农产品安全及农业企业的有序运营。

示范应用：浙江省台州市黄岩区平田乡黄毛山村白沙枇杷基地、苏楼村家庭农场、浙江省柑橘所科研基地。

10. 柑橘病虫害智能监测预警系统

技术简介：柑橘病虫害监测预警系统由远程拍照式虫情测报灯、远程拍照式孢子捕捉仪组成，可自动完成虫情信息、病菌孢子图像及数据采集，并自动上传至云服务器；通过远程无线传输，实时显示、存储虫情、病菌孢子图像；通过图像信息库及技术分析功能，分析田间的病虫数量变化，预测病虫害的发生时间和趋势；用户可通过云平台实时查看数据，实现远程信息化管理，从而提高柑橘病虫害监测防控能力。

示范应用：在浙江省台州市素质教育基地和柑橘种植区域应用推广，大大提高了柑橘主要病虫害预测预报能力，为柑橘病虫害防治提供有力的支持。

致　谢

感谢以下及所有为本书提供资料和帮助的专家（按姓氏笔画排序）！

马军伟	王　华	王　鹏	王建红	历晓腊	邓勋飞
吕仲贤	吕学高	吕桂华	华　珊	刘　雷	刘高平
安　霞	许育新	苏　瑶	杜龙岗	李　冬	李效文
杨　勇	肖　华	吴列洪	吴春艳	吴韶辉	汪一婷
沈国新	张　俊	张小斌	张冬青	张成浩	张尧锋
张黎明	陆胜民	陈文烜	陈方永	陈可可	陈珊宇
林海忠	金群力	周　庄	周卫东	周文林	郑　航
郑许松	赵福成	胡秀荣	俞国红	姜　武	姚燕来
夏其乐	顾兴国	钱仁卷	徐子伟	徐红星	唐文升
黄茜斌	黄振东	黄福勇	龚亚明	麻万诸	蒋永清
傅旭军	傅庆林	温明霞	解崇斌	蔡为明	